Jean-Michel Imperatrice

Une nouvelle approche du Bien-Être: Psychothérapie Intégrative
Tome 2

Jean-Michel Imperatrice

Une nouvelle approche du Bien-Être: Psychothérapie Intégrative Tome 2

Être en bonne santé aujourd'hui: Mal-Être et Bien-Être

Éditions Vie

Impressum / Mentions légales

Bibliografische Information der Deutschen Nationalbibliothek: Die Deutsche Nationalbibliothek verzeichnet diese Publikation in der Deutschen Nationalbibliografie; detaillierte bibliografische Daten sind im Internet über http://dnb.d-nb.de abrufbar.

Information bibliographique publiée par la Deutsche Nationalbibliothek: La Deutsche Nationalbibliothek inscrit cette publication à la Deutsche Nationalbibliografie; des données bibliographiques détaillées sont disponibles sur internet à l'adresse http://dnb.d-nb.de.

Coverbild / Photo de couverture: www.ingimage.com

Verlag / Editeur:
Éditions universitaires européennes
ist ein Imprint der / est une marque déposée de
OmniScriptum GmbH & Co. KG
Heinrich-Böcking-Str. 6-8, 66121 Saarbrücken, Deutschland / Allemagne
Email: info@editions-ue.com

Herstellung: siehe letzte Seite /
Impression: voir la dernière page
ISBN: 978-3-639-72973-3

Une nouvelle approche du Bien-Être: la Psychothérapie Intégrative Tome 2

Ce tome 2 s'inscrit dans la même lignée que le tome 1 avec un regard sous différents angles.

Certains thèmes convergent ou diffèrent, parce que chaque personne est unique dans son histoire, même si la psychothérapie intégrative vise à aider à rétablir son intégrité et équilibre global.

Etre en « bonne santé » de nos jours : De l'absence de maladie au Bien-être, en passant par le « Mal-Être » ?

La notion de bonne santé a bien évolué au cours des époques !

Un bref « voyage » à travers le temps n'est pas inutile pour comprendre comment à notre époque, l'absence de maladie ne signifie plus être en simple bonne santé mais aussi atteindre un niveau de bien-être, qui n'a plus grand-chose à voir avec une échelle de satisfaction quelconque et ne peut être réduite à une simple préoccupation « existentielle ».

Le Bien-être lui-même, spirituel, social, physique, individuel et physique n'est pas non plus une notion récente, c'est plutôt sa quête et sa demande, ses représentations qui ont changé et se sont accentués.

C'est la question et sa réponse quotidienne, aujourd'hui à toute personne : Comment ça va ?

Actuellement à « Comment allez-vous ?» , en absence de « maladie » la réponse peut être « ça va…MAIS… » et les MAIS sont nombreux !

Soucis professionnels, d'avenir, de couples, financiers, mal-être et parfois souffrance psychique, mauvaise qualité de vie pas toujours liée à la situation matérielle ou même une éventuelle pathologie, car le Soma et la Psyché sont tant reliés qu'en marge des critères « médicaux » mesurables, le Mal-Être n'est pas seulement une dimension existentielle, souvent banalisée, parfois méprisée, comme « nombriliste » ou « Egocentrique », individualiste ou collectivisée.

La notion de « gravité » de « Est-ce grave Docteur ? » est dans bien des cas peu connectée au ressenti, à la souffrance, au bien ou mal-être tel qu'il s'exprime somatiquement ou psychiquement.

Ensuite avant d'accéder au « Bien-être » si tant est qu'on puisse illusoirement le définir, toutes une gamme de perceptions et de voies pour sortir du « Mal-être » apparaissent, de considérer qu'un minimum de souffrance est inhérent à la condition humaine ne pouvant donc se réduire à « zéro », en passant des stratégies, des « thérapies » , des « conseils » et globalement un méli-mélo, dans lequel s'affrontent régulièrement les catalogués(hâtivement) pessimistes, optimistes, réalistes selon leur vision.

C'est l'individu en globalité qui n'est plus en harmonie, en équilibre dans nombre d'aspects avec ou sans « maladie » diagnostiquée.

L'homme bien-portant n'est plus un malade qui ne le sait pas, il est parfois surinformé et s'ignore de moins en moins !

C'est après 1945 que l'OMS en pose les bases pas seulement d'une définition mais d'une vision globale de la santé:

«Etat complet de bien-être physique, mental et social qui ne consiste pas seulement en l'absence de maladie ou d'infirmité.

La possession du meilleur état de santé qu'il est capable d'atteindre constitue l'un des droits fondamentaux de tout être humain, quelles que soient sa race, sa religion, ses opinions politiques, sa condition économique ou sociale. ».

Ce n'est ni « la bonne santé à tout prix », ni la négation, bien au contraire du droit à une santé élargie, elle la pose en principe commun et intègre qu'elle est relative.

Cette approche dite perceptuelle renvoie partiellement, au «ressentir», à ce que G. Canguilhem appelle «*la vérité du corps*».

Ainsi, ce concept de « santé » en évoluant au rythme souvent en zigzag du développement de nos sociétés a aussi transformé les demandes et ses réponses, **notamment en termes de thérapies, qui est le centre de ce sujet**, mais qui en arrière-plan important, évoque des choix de société et là-aussi une certaine vision de l'humain.

Cela ne doit pas masquer ou déplacer cette question, par la communication confuse et souvent manipulatrice sur les différences entre désir, et besoins dans les sociétés développées et celles dont une partie de la population n'a pas accès aux soins et parfois même aux ressources alimentaires indispensables.

C'est aussi sous une vision différente, et sous l'angle de la psychologie, celle posée comme « *la maîtrise des forces de la nature et son corollaire de destruction de l'humain* » dans « Le Malaise et la civilisation » .

L'homme préhistorique « fonctionnait » principalement, en termes de besoins et de survie

Le « Salut » de l'homme préhistorique était de rester en vie et celui du Moyen-Age d'éviter la mort et assurer le « Salut » de son âme le jour arrivé, par sa forme de spiritualité sa vie durant ; ce dernier point est toujours d'actualité sous une forme ou une autre, avec ou sans religion.

Le « Comment allez-vous » , était au Moyen-Âge la manière de s'aborder en une temps où l'appendicite empêchant « *d'aller du ventre* » ,la peste et autres épidémies entraînaient la mort.

La réponse approximative était « Je ne suis pas malade, grâce à Dieu »

C'est ce qui fait dire à G. Canguilhem « *La santé a remplacé le salut* »
L'homme néolithique est devenu un agriculteur sédentaire et nomade par périodes et lieux.
Des savoirs et compétences se sont alors accumulés au fil des siècles et transmises.
Sa notion de « santé » devait être proche de celle de prendre soin de la survie de l'individu et de son groupe, les ressources alimentaires étaient rares, les naissances étaient au même temps une condition de continuité de l'espèce et une zone mortelle de risque pour la femme et l'enfant.

La première édition du Dictionnaire de l'Académie française, en 1694 mentionne entre autre au mot Santé : *Estat de celuy qui est sain, qui se porte bien*.
Le Billet de santé, est l'attestation que les Officiers ou Magistrats donnent en temps de peste, pour certifier qu'un voyageur ne vient pas d'un lieu suspect et n'est pas porteur de la maladie.

La découverte des microbes par Pasteur va modifier les notions de risques et de santé :
On enseigne à l'école et aux familles l'hygiène individuelle contre la diffusion de microbes permettant de limiter certaines maladies physiques (tétanos, tuberculose, typhoïde, etc.).

Par une conduite individuelle, on peut limiter la contagion sans fuir collectivement la mort et les mourants.

Etre en bonne santé est encore ne pas souffrir de maladie avant la découverte de la pénicilline et autres antibiotiques qui permettent de guérir des nombreuses maladies mortelles jusqu'alors.

C'est aussi le démarrage des politiques de santé et celui de l'industrie pharmaceutique.

L'urbanisation croissante et le développement économique selon les pays, vont amener à examiner **le rôle de l'environnement** dans un monde essentiellement rural.

On n'évoque pas encore le terme contemporain de Bien-Être mais celui de pouvoir vivre sainement dans son milieu habituel..

Ce sont peut-être les premières prémices du concept de **"qualité de la vie".**

De nos jours dans cette nouvelle conception globale de la santé les médecins ne sont plus les seuls acteurs pour promouvoir la santé.

C'est donc face à une nouvelle demande que le nombre d'acteurs augmente et se diversifie, dans le cadre fixé par les institutions.

Tantôt rigide, flou ou contraignant, il est globalement peu consensuel et ne donne guère satisfaction aux praticiens et quasiment « illisible » pour les premiers concernés, les patients.

Cela ne doit pas faire oublier aux praticiens de toutes disciplines, que les guérisseurs, tantôt sorciers, tantôt herboristes existent depuis l'antiquité, tout comme la psychologie et les multiples thérapies trouvent leurs racines chez les philosophes et érudits des mondes Gréco-Romain, Musulman et Oriental.

Le Haut comité de la santé publique en 1994….en France, définit d'abord la santé **en négatif** par rapport aux notions de mal-être, maladie, morbidité, douleur, déficience…

8

C'est *«la vie dans le silence des organes»* ; *«lorsqu'on la possède on n'y pense plus»*

En introduisant la dimension sociale et psychologique, alors la « mauvaise santé » introduit l'incapacité, le désavantage et le handicap physique et psychique.

On parle alors de déficience, de dépendance des personnes malades avant de parler de dépendance à des produits toxiques.

La notion de subjectivité prend un tout autre sens quand on s'interroge par exemple sur l'autonomie.

Sans autonomie, il n'est pas possible d'aller travailler, d'avoir des revenus corrects, d'établir des relations facilement, d'envisager sereinement l'avenir.

Cette liberté d'action est une donnée positive et apparait indispensable à la vie.

Mais c'est oublier l'ambiguïté de certaines pathologies. Un trouble cognitif, neurologique ou autre peut induire de telles difficultés que seule la dépendance à autrui permet le sentiment de sécurité interne nécessaire au bien-être social.

Si la perte d'autonomie est cruelle et source de souffrance, cette même perte dans la solitude devient terrifiante et sa réalité de tous les jours est beaucoup moins subjective pour la personne non autonome que celle qui l'est.

La santé recouvre désormais les notions de bien-être et d'adaptation à l'environnement physique et social.

Cette approche dite perceptuelle renvoie au «**ressentir**»

Elle est éminemment subjective et variable suivant l'époque, le lieu, le sexe, la catégorie sociale, l'âge. Cette dimension est importante :

C'est à la personne de dire comment elle juge sa santé.

> Cette perception est fondamentale : La maladie influe sur le vécu, et le vécu peut influer et créer la maladie
> Cette dimension s'applique bien au ressenti d'un trouble de toute nature et en absence de maladie !
> Il existe des pathologies graves mais silencieuses, et des souffrances tues ou hurlées

La santé, à notre époque, fait aussi référence à une recherche de mieux-être, mais il ne faut pas « *zapper* » le Mal-être !

On s'indigne ou admire la médecine du « désir » illustrée notamment par la chirurgie esthétique, mais on médicalise à tour de bras le «Mal-Être» tout en le méprisant légèrement, car le concept d'absence de maladie est toujours présent dans la mémoire collective.

La recherche de «Bien-être» présente l'intérêt d'insister sur les différentes dimensions de la santé en ne le limitant pas à l'horizon somatique strictement médical.

Il paraît peu aisé de définir des signes d'un mal-être se limitant au domaine émotionnel !

On peut être attentif à certains signes, en particulier si ceux-ci perdurent ou reviennent de façon récurrente, s'ils sont inhabituels avec ou sans raison apparente nécessaire.

Ils peuvent apparaître sous différents angles, la liste qui suit n'a pas prétention bien sûr à tous les mentionner :

Physique :

Fatigue, sommeil, comportement alimentaire (perte appétit, ou besoin de manger), consommation tabac qui augmente, café, mais aussi alcool, médicaments, drogue, apparitions de douleurs (dos, céphalées, musculaires, ventre) ou de symptômes au niveau de la peau, sensations au niveau de la respiration

Émotionnels :

Tristesse, abattement, découragement, démotivation, perte d'intérêt, morosité, tensions, irritabilité, nervosité, perte d'estime de soi, mais aussi parfois plus d'émotions, une perte d'affects, on ne ressent plus rien.

Pensées :

Le sentiment de répéter les mêmes erreurs dans sa vie, de ne plus y arriver ou avec une grande pénibilité, d'une impasse.

Comportemental :

Inhibition : du mal à agir, rempli sur soi.

Hésitation : du mal à prendre des décisions, être envahi par des pensées obsédantes

Agressivité : emportement, réactions vives, colères exprimées ou non, cris

Comportement inadapté : ne pas réussir à faire ce que l'on pense pourtant utile, bien ou nécessaire.

Il s'agit de repérer déjà ses signaux personnels et également être réceptifs à ceux indiqués, en particulier de façon insistante par son entourage proche.

En cas de doute, il est préférable de poser la question et en particulier si on a une décision engageante ou une action à prendre.

Bien entendu cela implique une graduation, on ne peut traiter identiquement une pathologie grave psychique ou somatique, mais on ne peut pas ignorer la souffrance d'un deuil, d'un chômage, d'une anxiété paralysante et d'une déprime qui persiste.

C'est d' une vision globale et multidimensionnelle de l'homme qu'il s'agit.

La dimension de sens donné à sa vie, avec ou sans spiritualité ne peut plus être ignorée et le raccourci simpliste que la santé comporte bien une dimension subjective et amène à une sous ou mauvaise médicalisation n'est plus suffisant.

Bien entendu, cette acception de la santé présente les inconvénients de ses ambitions dont la notion de coût au niveau collectif ou individuel n'est jamais absente.

Le bien-être ne peut se mesurer car il n'est pas statique, mais dynamique et évolutif
Cette vision dynamique peut s'expliquer parce en arrière-plan, il existe une élaboration psychologique complexe où s'intègrent les expériences et histoires de vie de chacun, les valeurs et les informations véhiculées, bien ou mal par les proches, tiers ou médias.

La relation de la société avec la notion de santé et de maladie est aussi une représentation sociale qui varie dans l'espace et dans le temps.

Les interprétations et les pratiques sociales autour du normal, du trouble et du pathologique portent la marque des croyances et parfois des idéologies.

Le « fou » a évolué sémantiquement et dans ses représentations, de démoniaque, ensorcelé, insensé, aliéné à malade au fil des époques.

La santé physique d'un individu dépend aussi de la santé des autres et d'un environnement sain et elle implique un rapport des individus à la société : adaptation, insertion et de réseaux d'entraide collectifs, praticiens…

Chaque individu est unique et cherche un équilibre.

La souffrance est d'abord individuelle et demande une aide personnalisée, mais l'aidant et le patient doivent eux-mêmes, être en harmonie avec leur environnement ; qui lui aussi peut en pâtir.

On aborde la notion d'équilibre d'un individu au sein d'un système.

L'un et l'autre sont des écosystèmes à part entière, interdépendants et de taille différente..

Une adaptation à l'environnement, nécessite de communiquer avec lui.

Cet équilibre, cette homéostasie peut être fragile, évoluer, s'adapter mais la précarité de cet équilibre peut perdurer.

L'idée directrice est là, parfois difficile à accepter en ces moments où le principe d' « immédiateté » semble être omniprésent dans tous les compartiments de notre vie quotidienne.

Le Bien-Etre, tout de suite, tout le temps et sans effort est illusoire, la vie n'est pas équipée d'une assurance tout-risque, permanente ; cela n'empêche en rien de ne pas céder au fatalisme ni répondre « déterminisme » catégoriquement, au lieu de dire simplement : j'ai un doute, je ne sais pas mais les champs du possible sont ouverts.

La «qualité de la vie» a tendance à remplacer la notion de "bonne santé"

La manière d'être, d'exister de la personne existait avant l'apparition d'un trouble.

On peut ainsi mieux concevoir que, ce qui est manifesté par un trouble, représente pour une personne la seule option possible de résister ou d'être au monde à un moment donné. Ce n'est ni du fatalisme ni du déterminisme qu'il s'agit, si cet état est ressenti comme une souffrance ou une gêne, elle nécessite une aide et une prise de conscience que certains mécanismes internes psychiques ne « *complotent* » pas contre lui, mais quand le psychosomatique a utilisé ses dernières défenses ; ils demeurent camouflés pour que l'existence soit supportable.

Il ne s'agit ni de réifier ni de diaboliser l'inconscient qui crée des défenses de survie comme enferme le mauvais théâtre des psychoses.

Cet Inconscient lui-même n'est pas figé, il est dynamique, évolue et ce sens contient et contiendra ses parts d'ombre, difficiles à atteindre mais dont l'analyse tient compte.

Il ne s'agit pas non plus de nier un droit au bonheur, notion bien difficile à définir, mais à accepter qu'il faut avec lucidité faire face et lutter contre ce « Mal-être » avant d'envisager un « Bien-être ».

Ce « faire face » est souvent peu possible en situation de fragilité, c'est en cela qu'une aide est parfois nécessaire et que dans la multiplicité des facteurs, le thérapeute a un rôle à jouer, avec empathie et revenir peut-être à la notion première de la Psyché, qui est l'âme, et le praticien, le thérapeute est à son service avec lui aussi lucidité et sans être prisonnier de son dogme ou de la pensée unique ; il doit être efficace dans sa ou ses pratiques avec respect et éthique, qu'il déploie comme la plus adaptée à un moment T. Cet instant « T » se contemple sous le double aspect, de temps et de durée.

C'est peut-être pour un thérapeute, de prendre comme image ce qui différencie le guide de haute montagne du touriste, il accompagne dans la promenade et secoure en cas de danger, il ne s'aventure que dans des chemins qu'il connaît comme il se connait lui-même, il a pris du temps pour cela.

S'il est aventureux, ses aventures sont celles de la traversée solitaire, pas en groupe et sans expérience.

Angoisse, anxiété et peur : les différences

Les différences entre angoisse, anxiété et peur ?

" Je suis angoissé", "Il a l'air anxieux" : dans le langage courant, on emploie indifféremment le premier terme ou le second. Or, ils recouvrent des réalités très différentes. Problème ponctuel mais très intense d'un côté, plus diffus mais constant de l'autre, la souffrance n'est pas la même. Des définitions et éclaircissements que nous propose Christophe André, Psychiatre.

Angoisse et anxiété ont des points communs.

Tout d'abord, une même racine étymologique, le mot latin *angere*, qui signifie serrer et qui renvoie aux conséquences physiques de ces états mentaux. L'appartenance à une même famille émotionnelle ensuite, celle **de la peur : angoisse et anxiété en sont l'anticipation (on redoute un danger avant qu'il ne survienne) ou peuvent en être la conséquence (comme séquelles d'un choc psychologique par exemple).** Mais un certain nombre de différences les séparent également.

En général, on parle d'angoisse pour renvoyer à une expérience psychologique ponctuelle, déstabilisante et intense, faite d'un sentiment de perte de contrôle et d'imminence d'un danger grave. L'angoisse s'accompagne le plus souvent de signes physiques pénibles : oppression thoracique et gêne respiratoire, accélération cardiaque, sensations de boule dans la gorge et l'estomac… Au plus fort d'une crise d'angoisse, il n'est pas rare que l'on puisse éprouver un sentiment de « déréalisation », une impression de sortir de soi-même, de n'être plus tout à fait dans la réalité. En psychiatrie, les attaques de panique, ressenties notamment par les personnes agoraphobes, en représentent un exemple assez pur : tout à coup, la personne se sent envahie par un malaise physique incontrôlable, et a le sentiment qu'elle va mourir sur le champ ou devenir folle.

On utilise plus volontiers le terme d'anxiété pour désigner un état moins déstabilisant mais plus chronique, consistant en un souci difficile à contrôler. Les aspects psychologiques (inquiétude, pessimisme) sont au premier plan, même si les conséquences physiques de l'anxiété sont bien connues (tensions et douleurs musculaires, tendance à hyperventiler, c'est-à-dire à adopter une respiration haute, rapide et superficielle).

Alors que l'angoisse rend en général impossible la continuation de ses activités, l'anxiété reste compatible avec la vie quotidienne.

Il est même fréquent que la personne anxieuse ne soit pas clairement consciente de sa propre anxiété, qui peut ne se manifester que de manière indirecte : irritabilité, fatigue, tensions musculaires, réactions de sursaut… En psychiatrie, le trouble anxieux généralisé (TAG) illustre bien ce qu'est l'anxiété poussée à son comble : des soucis constants et incontrôlables à propos de tous les détails de la vie quotidienne (famille, travail, santé, argent…).

Angoisse et anxiété peuvent donc être différenciées, mais peuvent aussi être associées : des crises d'angoisse peuvent survenir sur un fond d'anxiété (ce que Freud nommait la « névrose d'angoisse »), on peut ressentir l'anxiété d'avoir de nouvelles crises d'angoisse (**c'est la « peur d'avoir peur »**), etc. Enfin, et contrairement à ce que l'on a pu dire, ni l'angoisse ni l'anxiété ne sont une « peur sans objet » : on peut ressentir de l'angoisse en pensant à sa mort ou à celle des gens que l'on aime, on peut être anxieux et préoccupé à propos de difficultés bien réelles comme la maladie ou des problèmes financiers. **Elles sont simplement une préoccupation inquiète de l'avenir, aiguë (l'angoisse) ou chronique (l'anxiété), et témoignent toujours du sentiment, plus ou moins conscient et justifié, de sa propre fragilité**

Quelques fausses idées et préjugés sur la Méditation de Pleine Conscience

Il est difficile de les énumérer tous, tant leur nombre est important. Il est préférable, de présenter ce vaste sujet, en se concentrant sur son approche en psychologie et médecine intégrative.

Cela n'exclut pas, mais ce n'est pas le but de ma démarche, que certaines personnes, y trouvent dans une pratique de longue durée et orientée, un intérêt ontologique (sur l'Être), philosophique ou autre.

Est-ce une pratique mystique et mystérieuse réservée aux Bouddhistes et déconnectée de notre vie Occidentale ?

Sa pratique actuelle en Europe et dans le continent Nord-Américain est laïque, et son exercice thérapeutique est pratiqué dans plusieurs centaines d'hôpitaux et quelques milliers de patients.

Dans le domaine privé, elle est utilisée en pratique libérale (essentiellement pour le moment sur le Stress et Troubles Anxieux, récidives d'épisodes dépressifs, quelques recherches d'applications cognitives),mais aussi dans un cadre individuel, de groupe et parfois professionnel.

Cela n'empêche en rien, que son origine soit principalement issue de sources millénaires du Bouddhisme ancien, et d'en trouver aussi des exemples dans l'antiquité et le monde Gréco-Romain.

Il n'y a donc ici ni incitation cachée ou avouée, d'adhésion à une philosophie ou une recherche spirituelle, mais pas de raison non plus d'en dissimuler ses origines. Aux USA, c'est une pratique courante et répandue, dans laquelle on retrouve la plupart des couches sociales et socio-professionnelles, l'employé, l'homme d'affaire, l'étudiant, l'enseignant, le médecin et même parfois des prêtres catholiques et des pasteurs ! Les préjugés sont essentiellement issus, de certaines pratiques souvent improvisées dans les années '70, ayant créé une méfiance, ce qui nuit à la fois aux pratiquants bouddhistes de l'Inde, mais aussi aux pratiques thérapeutiques occidentales et laïques ; qu'il est aisé de vérifier par le référencement, le sérieux et la maîtrise du Praticien ou de l'enseignant.

Une simple « technique » de relaxation, quelques séances, un livre et un CD ?
C'est une méthode , accessible à tous mais nécessitant une pratique régulière, quelques enseignements simples mais précis dont le but est de vous amener à être équipé des outils de base, pour vous l'approprier et en mesurer dans la régularité ses bénéfices. Cela implique que malgré sa simplicité, il ne s'agit pas d'une recette « magique » ou d'une simple relaxation de quelques minutes mais de s'inscrire dans une pratique peu astreignante qui graduellement apporte bien des avantages. La relaxation, en ce sens, n'est qu'un des aspects, déjà appréciable…

Acheter un livre , un CD peut être utile ; mais c'est votre pratique personnelle qui après l'acquisition de quelques principes de base va compter.

Dans le cas contraire, cela revient à stocker de la nourriture dans votre frigo et ne pas la consommer, ou de la laisser pour que quelqu'un d'autre se nourrisse à votre place.

En ce sens, pour être précis, je souligne souvent que nous parlons d'une approche globale, dans laquelle la méditation est un moyen, la Pleine Conscience un état d'éveil, de présence un but à atteindre nécessitant un apprentissage, une pratique et une certaine régularité.

Je n'ai pas le temps, suis débordé par mes préoccupations personnelles, ma vie familiale et professionnelle : comment faire ?

Mon but n'est pas de vous exposer, une quelconque théorie ou méthode de la gestion de votre temps mais d'attirer votre attention sur le déroulé « ordinaire » d'une journée :

Se doucher, se nourrir, dormir, se distraire, travailler, s'occuper des enfants, être soucieux, soumis à des contraintes sont en gros le lot de la majorité des personnes, qui selon leur tempérament, nécessité, obligation, goût consacreront en séquences parfois dispersées ou continues, un laps de temps à chacune de ces taches.

La question est donc, laissée à l'appréciation de chacun, de vous trouver un « espace-temps » à vous.

Si vous êtes soumise au stress et l'anxiété, en outre de ses conséquences psychiques et somatiques, des situations anxiogènes, quelqu'en soit le degré vous préoccupent, vous déconcentrent, vous empêche **d'être « présent »** , voire attentionné et en définitive , en sus de cet inconfort font perdre un temps précieux et même, quand les pics d'anxiété apparaissent, vous bloquent, vous « paralysent » dans l'accomplissement de certaines occupations routinières ou importantes.

Est-ce qu'il n'est pas temps de trouver une solution, un apaisement et regagner un confort de vie psychique et somatique ?

Je suis submergé par une foule de problèmes divers, du vécu de mon passé, d'une situation présente préoccupante, d'angoisse sur le futur :comment puis-je me concentrer sur moi-même et l'instant présent ?

La réponse exhaustive à cette question mérite une explication détaillée, faisant l'objet d'un autre article.

En plus bref, les approches psychothérapeutiques sur ces points diffèrent et souvent s'opposent, alors qu'une approche intégrative permet de phaser, cerner la situation, proposer des pistes et une méthode adaptée, toujours exposée mais jamais imposée et ajustée ; considérant que si certaines problématiques ont des trames communes et des schémas de fonctionnement du psychisme et son lien indissociable avec le corps existent, chaque personne est une, avec son vécu, son ressenti, son histoire et son avenir.

A ce titre, il n'est pas incompatible à mon sens, en étant sélectif dans les approches, d'envisager d'en coupler certaines.

Cela peut très bien être, sans que cela soit la seule voie, de combiner une approche analytique de dénouer dans une démarche élaborée et avec des limites, des blocages parfois inconscients liés à votre passé ; apporter dans des exercices bien structurés de méditation de Pleine Conscience un apaisement notable de troubles anxieux-entre autres- et que cette aide apportée ait ainsi des effets stables et durables.

Cette vision de la psychothérapie dépasse le cadre strict de cet article précis, mais vise non pas à vous inscrire dans un nombre indéfini de de séances, mais de vous amener à regagner votre autonomie personnelle et sociale (au sens large) , en respectant votre histoire, vos croyances et de vous « séparer » de la thérapie pour pouvoir vous projeter et construire, comme vous le souhaitez, vos orientations présentes et futures.

Les Premiers Analytiques d'Aristote

« Il sera possible de déduire le caractère d'après les traits du visage, si l'on accepte que corps et âme ensembles, soient changées par les affections/émotions naturelles »

L'eau, la lumière et la Pleine Conscience

L'eau, par exemple, peut contenir du cyanure et nous faire mourir sur le champ; toutefois mêlée à un remède, elle contribue à nous guérir.Pourtant sa formule chimique n'a jamais changé.En elle-même elle n'est jamais devenue ni toxique ni médicinale.Les différents états de l'eau sont temporaires et anecdotiques, comme nos émotions, nos humeurs et nos traits de caractère[..]

Un rayon de lumière peut éclairer un visage haineux ou un autre souriant, un joyau aussi bien qu'un tas d'ordures, mais la lumière n'est en elle-même ni malveillante ni aimable, ni propre ni sale.

Cette constatation permet de comprendre qu'il est possible de transformer notre univers mental, le contenu de nos pensées et de nos expériences.En effet, le fond neutre et lumineux de la conscience nous offre l'espace nécessaire pour observer les évènements mentaux au lieu d'être à leur merci, puis pour créer les conditions de leur transformation »

Matthieu Ricard

Une des dernières et puissantes pensées de Sandor FERENCZI

Le 2 Octobre 1932, **Sandor FERENCZI** à quelques mois de la mort où le conduisait une foudroyante anémie de Biermer ; écrivait dans son précieux journal clinique :

« Une certaine force de mon organisation psychique semble subsister, de sorte qu'au lieu de tomber malade psychiquement, je ne peux détruire – ou être détruit- que dans les profondeurs organiques [..] de même que je dois maintenant reconstituer de nouveaux globules rouges, est-ce que je dois (si je peux) me créer une nouvelle base de personnalité et abandonner comme peu fiable et fausse celle que j'avais jusqu'à présent ? »

Je rêve un peu, beaucoup, pas du tout… ou je ne me rappelle pas du contenu ?Pourquoi ?

Si depuis l'Antiquité, et dans un nombre considérable de cultures et d'époques différentes, le sens, la signification, l'interprétation et le mécanisme des rêves ont toujours passionné bien des disciplines et parfois marqué l'Histoire ; on note cependant facilement que **certaines personnes disent « rêver » souvent, d'autres beaucoup, certaines affirment pas du tout mais dans tous les cas en dehors de rêves ou de cauchemars marquant, il est difficile généralement de se souvenir du contenu, son « scénario » et si parfois une image agréable ou effrayante subsistent au réveil,**

c'est essentiellement l'effet ressenti par la personne qui l'emporte sur le détail et le déroulé.

La psychologie, essentiellement dans la continuité de la psychanalyse, aborde avec intérêt ces domaine avec des grilles de « lecture » différentes chez Freud, Jung et ses successeurs, mais toutes donnent un **sens, une valeur liée à l'inconscient de la personne aussi bien sur son contenu manifeste, que symbolique ou des effets qu'il induit, le sens qui en découle sur la vie d'une personne.**

Les neurosciences se concentrent sur une explication mécaniste, neurophysiologique des rêves et n'ont intégré qu'à une date récente, en psychologie cognitive, qu'un rôle de régulation des émotions en rejetant toute vision du rêve comme un « théâtre » où se joue une pièce maîtresse de l'activité psychique de l'individu.

Pourtant peu de personnes peuvent nier, que certains rêves nous marquent et nous posent question, quant à leur ressenti émotionnel agréable, angoissant ou déroutant.

Sans affirmer qu'ils changent notre comportement, on se questionne, on en parle à un proche ou parfois le cachant, dans notre petit jardin secret intérieur, considérant que c'est une partie intime, de notre personnalité.

<u>Le rêve dans tous les cas n'est jamais neutre quant à son ressenti personnel , que l'on en soit affecté démesurément, moyennement ou en clamant « haut et fort », souvent répétitivement ,que cela n'a aucun intérêt !</u>

Comment s'en servir ou les interpréter si on ne s'en souvient plus ?

Une façon simple, qui semble d'apparence, compliquée au début mais en définitive facile à mettre en place, est **au réveil immédiat de noter, même brièvement en quelques mots mêmes désordonnés, en apparence, sur un bout de papier pendant ce court et fragile instant où vous n'êtes plus endormi mais pas vraiment éveillé, ou d'en parler à un proche mais qui soit lui-même réveillé !**

Pas tout le temps, sans doute pas tous les jours ; mais rapidement ce processus devient aussi simple que le fumeur à moitié endormi allume sa première cigarette ou que vous mettez en marche votre cafetière ou enfilez machinalement un vêtement !.

Ce n'est pas la seule voie d'accès à la compréhension d'une situation que vous vivez mal sur le plan psychique , mais un axe intéressant, important pouvant donner des indications précieuses, lors d'une analyse.

Le « décodage » fourni par une abondante littérature généraliste sur ce sujet, ne présente, dans mon approche, pas grand intérêt car si bien des thèmes, des situations et sensations sont communes parmi les personnes et parfois au-delà des cultures, <u>c'est toujours votre histoire de vie personnelle qui est représentée.</u>

Comment cela fonctionne-t-il dans la « mécanique » de notre cerveau ?

Cette partie est une synthèse, rapide, de la découverte de l'équipe de Perrine Ruby, du centre de recherche de neurosciences à Lyon, permettant d'en savoir un peu plus sur l'origine des rêves.

Il existerait deux grands types de rêveurs, les petits et les grands, les chercheurs ont tout d'abord étudié leur comportement nocturne. En fait, les « grands rêveurs » comptabilisent deux fois plus de phases de réveil que les « petits » et leur cerveau est plus réactif aux stimuli de l'environnement.

Mais quelle est la région du cerveau impliquée dans ce processus ?

Pour le savoir, Perrine Ruby et ses collègues ont mesuré l'activité cérébrale de 20 petits rêveurs et 21 grands rêveurs pendant l'éveil et le sommeil. Pour ce faire, ils ont utilisé un scanner TEP (Tomographie par émission de positons). Les participants devaient donc arriver à trouver le sommeil *« dans une machine qui n'est pas du tout faite pour dormir »*, confesse la chercheuse. *Ils devaient rester immobiles avec la tête immobilisée, un cathéter dans le bras et là, on leur demandait de dormir ! Donc c'est vraiment très compliqué pour les sujets qui participent, si bien que l'on a mis 1 an et demi pour enregistrer toutes les données ».*

Le résultat : le réveil est indispensable pour mémoriser les rêves

Durant leur sommeil, les grands rêveurs présentent une activité cérébrale spontanée plus forte au niveau du cortex préfrontal médian (MPFC) et de la jonction temporo-pariétale (JTP), zone cérébrale impliquée dans l'orientation de l'attention vers des stimuli extérieurs.

Ainsi, de par leur activité cérébrale plus importante, les grands rêveurs réagissent plus aux stimuli de l'environnement et se réveillent donc plus que les petits rêveurs. Et c'est justement grâce à ces phases d'éveil qu'ils se souviennent plus facilement de leurs rêves ! En effet « *le cerveau endormi n'est pas capable de mémoriser une nouvelle information en mémoire, il a besoin de se réveiller pour pouvoir le faire* » explique Perrine Ruby, chargée de recherche à l'Inserm.

« *Ces résultats montrent que les grands et petits rêveurs se différencient en terme de mémorisation du rêve mais n'exclut pas qu'ils se différencient également en terme de production de rêve. En effet, il est possible que les grands rêveurs produisent une plus grande quantité de rêve* » conclut l'équipe de recherche.

Il est important de préciser, que mon approche ne porte ici que sur le fonctionnement et le sens donné aux rêves, dans une situation standard.
Il existe une approche clinique de certaines troubles, comme les cauchemars récurrents des Stress post Traumatiques ; des états délirants pathologiques et des effets de la prise de substances psychotropes ou hallucinogènes !

Source(sur les références en neurosciences) : Pourquoi le cerveau se souvient-il des rêves ? Communiqué de presse Inserm, 11 février 2014
Etude : Resting brain activity varies with dream recall frequency between subjects, P. Ruby and al, Neuropsychopharmacology, 19 février 2014

Poème de Thich Nhat Hanh

« *Que nous soyons enfants ou adultes, nous sommes tous des fleurs.*
À l'endroit où je m'assis aujourd'hui, d'autres sont venus jadis s'asseoir ; dans mille
ans, d'autres encore viendront.
Qui est celui qui chante, et qui est celui qui écoute ? »
Thich Nhat Hanh

Pourra t-on un jour par une technique « scientifique » effacer les mauvais souvenirs?

Avant de s'en réjouir, ma première question a été, sans céder à l'obscurantisme, de m'interroger si dans ce cas, on pourrait aussi par erreur ou pire délibérément,effacer les bons souvenirs, les sélectionner et selon quels critères ?

Que devient la personnalité d'un être humain, quand on ampute une partie bonne, ou mauvaise de sa mémoire qui fait partie de son histoire de vie et sa construction?

La visée première thérapeutique, de cette recherche est de fournir une solution dans le traitement des symptômes du SPT (Stress Post Traumatique).

Parmi ceux-ci figurent des cauchemars récurrents et une attention répétitive et perturbante des souvenirs des situations traumatiques.

Mais le SPT inclue aussi une hyper-vigilance exagérée, des sursautements réactifs aux bruits etc..

Ces derniers seraient ils supprimés si on « effaçait » le mauvais souvenir uniquement?

Les répercussions sur les mécanismes intrapsychiques du traumatisme seraient ils effectifs en n'agissant que sur le souvenir, donc la trace mnésique de l'évènement lui-même?

En Psychologie, la psyché signifie l'Âme et aussi la métamorphose.Il n' y a donc pas qu'une dimension d'efficacité, d'éthique, d'être pour ou contre une investigation scientifique sophistiquée; il y a aussi une certaine conception de l'Humain qui est à considérer.C'est donc une nouvelle fois pas simplement deux ou plus, de courants de recherches qu'il faut opposer, mais trouver une cohésion quant à la finalité.

C'est quoi un mauvais souvenir personnel chez une souris?

Dans le film Eternal Sunshine of the Spotless Mind , les deux personnages principaux, Joël et Clémentine, (interprétés par Jim Carrey et Kate Winslet) se font effacer les souvenirs de leur relation amoureuse. Dans le monde réel, les scientifiques viennent de découvrir qu'un médicament capable d'éliminer les traces des mauvais souvenirs sur l'ADN améliorait l'efficacité des thérapies comportementales chez la souris.

Les expériences vécues, qu'elles soient bonnes ou mauvaises, font grandir et forgent peu à peu le caractère et la personnalité. Dans certaines conditions cependant, les difficultés peuvent bloquer l'acheminement personnel et rendre la vie de tous les jours très pénible. Les victimes de guerres ou les personnes ayant subi des sévices pendant l'enfance par exemple, ont très souvent beaucoup de mal à faire table rase du passé et à poursuivre le cours de leur existence.

Elles peuvent être sujettes à une pathologie du comportement appelée trouble du stress post-traumatique, ou état de stress post-traumatique (ESPT), qui se traduit par une peur intense et un sentiment d'impuissance face au quotidien.

Malheureusement, les événements traumatisants laissent souvent une empreinte tenace qui rend les thérapies comportementales impuissantes. L'ADN peut en effet contenir des marques, appelées modifications épigénétiques, qui sont persistantes et très difficiles à effacer. Une étude récente montrait d'ailleurs que la peur d'une odeur chez la souris pouvait se transmettre sur plusieurs générations par un mécanisme épigénétique.

Référence: Agnès Roux

Les mécanismes de l'épigénétique : des méthylations ou des facteurs épigénétiques s'attachent aux histones ou à l'ADN et ont une influence sur l'expression des gènes. © NIH, DP, adaptation Futura-Sciences

Les personnes souffrant d'ESPT sont donc souvent face à une impasse. Même si elles essayent de guérir, le souvenir de leur traumatisme revient constamment les hanter. « Elles revivent la situation difficile presque quotidiennement, explique Li-Huei Tsai, une neurologue du Massachusetts Institute of Technology (MIT). En leur faisant se remémorer les faits dans un environnement protégé on arrive à les aider pendant un temps mais cela n'est en général pas définitif. »

Les traumatismes marquent l'ADN

Pourrait-on éliminer les traces épigénétiques et améliorer la santé des malades ? En voulant répondre à cette question, Li-Huei Tsai et son équipe ont obtenu des résultats prometteurs chez la souris. Leurs travaux, publiés dans la revue Cell, ouvrent la voie vers une nouvelle forme de thérapie de l'ESPT qui associe un traitement médicamenteux et un suivi psychologique.

Au cours de cette étude, les auteurs ont mis au point un modèle animal pour étudier l'ESPT. Ils ont tout d'abord réalisé une expérience de conditionnement chez des souris dans le but de créer une association entre un son et un traumatisme. Pour cela, ils ont envoyé des chocs électriques à plusieurs reprises dans les pattes des animaux tout en leur faisant écouter un son caractéristique.

Au bout d'un moment, les rongeurs finissent par associer les deux choses :le bruit leur fait peur même s'il n'est pas accompagné d'un événement douloureux. La journée suivante, les chercheurs ont mis en place une thérapie afin de soigner les rongeurs traumatisés : ils ont à nouveau émis le son mais cette fois-ci sans torturer les animaux. Cette opération a été répétée plusieurs fois ce qui a permis aux souris d'oublier progressivement leur peur.

Effacer les marques épigénétiques pour rendre les thérapies efficaces

Les scientifiques se sont rendu compte que la thérapie était inefficace si elle commençait un mois après l'expérience de conditionnement. En effet, après quelque temps, les mauvais souvenirs marquent l'ADN de manière épigénétique ce qui rend le traitement difficile. « Chez les rongeurs, il faut à peu près une semaine pour que les traumatismes s'inscrivent dans le génome » , raconte Li-Huei Tsai.

Pour contourner le problème, les chercheurs ont eu l'idée ingénieuse d'utiliser une classe de médicaments, appelés Histone Deacetylase Inhibitors (HDACi), connue pour effacer les marques épigénétiques présentes sur l'ADN. Ils avaient vu juste en donnant des HDACi à des rongeurs traumatisés, la thérapie comportementale s'est révélée beaucoup plus efficace et leur a permis d'oublier leurs craintes, même un mois après le traumatisme. En revanche, les médicaments à eux seuls ne fonctionnent pas et doivent absolument être accompagnés d'une thérapie. Autrement dit, effacer les traces épigénétiques n'est pas suffisant pour dissocier un souvenir de l'émotion qui lui est rattachée.

Ces résultats prometteurs devraient redonner de l'espoir aux personnes ayant vécu des situations terribles qu'elles n'arrivent pas à surpasser. Mais pour passer de la souris à l'Homme il y a un fossé à franchir et de nombreuses recherches sont encore nécessaires avant les essais cliniques. « Les HDACI sont déjà utilisés chez l'Homme pour le traitement de certains cancers , indique Li-Huei Tsai. Cela devrait faciliter les démarches quant à leur utilisation pour soigner les ESPT. »

La chercheuse se veut cependant prudente et conçoit que cette forme de thérapie n'est pas encore pour demain.

La Psychologie des Profondeurs

La psychologie des profondeurs, était une des premières désignations de la psychologie analytique tant l'Inconscient apparaissait comme un territoire nouveau et mystérieux à découvrir!

C'est un concept, essentiellement Jungien, que je vais tenter de décrire dans la vision que j'en aie.
Il est important de préciser que cette approche dans la recherche est en premier lieu un travail sur soi-même que le chercheur étudie et élabore.

La progression des recherches sur le sujet s'est enrichie au fil des temps, par une structuration élaborée de la Psychanalyse dans une optique élargie Jungienne et des apports essentiels de la Psychopathologie et d'autres branches.

Cette psychologie est de nos jours plus représentée par une version moderne de la Psychologie Analytique qui a intégré certains apports des branches plus axées sur les neurosciences ou les facteurs sociaux et sociétaux.

Elle garde les marques de l'élargissement Jungien, conserve les axes des topiques Freudiens en explorant les différentes branches et dérivés. Elle permet de structurer cette « analytique » qui n'a pas perdu de sa profondeur, le vis-à-vis est plus de mise et l'analyste continue à sortir du confort de ses certitudes sans perdre le fil directeur, mais en acceptant que celui-ci n'est pas souvent linéaire.

Il est fondamental de bien distinguer dans cette approche, comme dans toutes celles de notre branche,la Psychologie, ce qui est du domaine de la recherche et de la science et ses applications thérapeutiques qui sont protocolisées et ont obtenues des résultats tangibles et significatifs.

C'est en ce sens que le praticien qui se passionne doit être soigneusement équipé et préparé, et c'est aussi dans la même image la raison pour laquelle il doit suivre une une analyse personnelle approfondie et également une supervision régulière qui démarre avec ses études et se continue tout au long de sa pratique avec un apprentissage et une mise à jour continue de ses connaissances.

La présentation souvent métaphorique que je fais de ses origines n'est que le fruit de ma propre rencontre avec ce domaine.Elle ne constitue donc pas une véritable définition de cette approche, mais le sens et le ressenti de cette découverte et des pistes d'enseignements et de recherches qui peuvent en découler.

Pour qui celui qui s'y intéresse avec respect et prudence, c'est une discipline de l'esprit, au même titre que la plongée sous-marine est une discipline sportive.

Mais le chercheur ici ne recherche ni or ni trophée, il « plonge » pour comprendre des mécanismes et trouver des pistes de réponse, et en cela pour continuer dans la comparaison sportive, il faut bien qu'il se mouille le maillot!

Il doit demeurer en permanence pleinement conscient de ses limites et capacités; et pour cela être bordé par une éthique et une déontologie sans faille, et se faire « éclairer » par d'autres disciplines.

Mon approche en terme de recherche fondamentale dans ce domaine, pourrait très grossièrement se décrire par un « ressenti » qui n'est que l'écho de ma propre subjectivité:

Il faut descendre vers l'inconnu, sans beaucoup de lumière
L'exercice est rude car plus on plonge, plus est dense la nature de nos découvertes
Comme dans la plongée aussi, il faudra respecter des règles, des seuils, des paliers, à l'immersion comme à la remontée

Seules nos limites physiques et organiques nous empêchent, en plongée, de descendre plus profondément. De même, dans ce monde dont Jung , parmi d'autres, a soulevé le voile, seules nos capacités psychiques, culturelles, cognitives et spirituelles nous freinent dans cette immersion, mais elles nous protègent aussi .

Cela constitue donc en soi un apprentissage, que nous réalisons en nous approchant du Soi, et nous assumons notre incomplétude, sans doute définitive, tout au moins dans notre cycle de vie actuel.

Nous pensons y avoir entraperçu un petit morceau de vérité, une petite parcelle de nous-mêmes, un fragment du Grand Tout, de ce Mundus Unus ou Unus Mundus cher à nos Anciens, mais rien n'est sûr.

La spiritualité nous interpelle, mais plutôt que de rechercher en vain la réponse à l'éternelle question, est-ce que Dieu existe, nous préférons considérer comme plus confortable, que c'est une nécessité pour que tout cela ait un sens.

Parfois nous ne trouvons en apparence, absolument rien et nous nous interrogeons sur l'intérêt de cette plongée.

Mais de retour à l'air libre, nous ne serons plus jamais tout à fait celui que nous étions avant d'y pénétrer.

De nouveau sur la terre ferme, nous nous ancrons dans l'ici et maintenant , avec humilité.

Bien téméraire et imprudent celui qui plongera en se croyant autonome, indépendant au sens individualiste du terme, dans notre langage, je dirais « autosuffisant », pour rester dans la courtoisie.

Cette discipline nécessite une approche multidisciplinaire qui rend vaines les querelles de chapelle pour en revendiquer une sorte de propriété presque terrienne.C'est à mon sens aussi illusoire et grotesque que de revendiquer la propriété d'une parcelle d'astre.
Ce qui me semble acquis, dans un raccourci audacieux, c'est que la seule chose dans notre monde qui soit permanente, c'est l'impermanence.

Ainsi, celui qui tente l'aventure persuadé de son autosuffisance et de son savoir ne trouvera, en définitive, que lui-même, ou peut-être son ombre déformée par l'eau.
Souhaitons-lui de ne pas rencontrer l'Ombre, au sens jungien du terme !

Il regagnera la terre ferme, dans le meilleur des cas, persuadé et rassuré qu'au fond de l'eau, il n'y a rien d'autre que le sable, et il en est mieux ainsi.

Dans une hypothèse plus pessimiste, il en ressortira chagriné mais, espérons-le, grandi, si, au fond de l'eau, il n'a trouvé que sa propre suffisance.

C'est peut-être, je ne sais pas, l'équivalent de l'initiation baptismale aquatique de la religion, une simple plongée ordinaire, la surprise des découvertes, ou simplement cette perception, ce sentiment qui transcende les séparations hémisphériques de notre entendement cérébral, une certitude qui nous dit que si ce que nous avons vu n'est peut-être que le fruit de l'ivresse des profondeurs, cette ivresse est agréable et sans doute addictive car nous n'aurons d'autre échappatoire que d'y plonger à nouveau plus profondément.

Voilà à présent ce que C.G.JUNG en disait :
« Comprenons-nous jamais ce que nous pensons ? Tel est notre intellect..
Mais au-dessus, existe une pensée qui revêt la forme des grandes images primitives, des symboles, plus vieille que l'homme préhistorique, innée en lui depuis les temps reculés et survivant à toutes les générations […].
La vie n'est possible dans toute sa plénitude qu'en accord avec elle. La sagesse consiste à y revenir.
Si cette âme supra-individuelle existait, cela enlèverait sans doute tout caractère personnel à ce qui se traduit dans le langage de ses images, nous la verrions probablement subspecie aeternitatis ; cela ne sera plus ma souffrance, mais la souffrance du monde, non plus une souffrance personnelle qui isole, mais une douleur sans amertume qui nous relie à tous les hommes. Que cela puisse guérir, il n'est sans doute point besoin d'en chercher les preuves. »

Symbolisme de l'Astrologie et la pensée Jungienne

« L'Âme nous est encore infiniment plus obscure que la surface visible de notre corps[..] ; aussi le chemin le plus sûr semble-t-il à juste titre est celui qui va de l'extérieur à l'intérieur, du connu à l'inconnu, du corps à l'âme, et c'est pourquoi tous les essais de caractériologie ont commencé par l'extérieur : c'est le cas de la méthode des anciens ,l'astrologie , qui commence même au dehors, dans l'espace cosmique pour en arriver à ces lignes du destin dont les commencements gisent dans l'homme lui-même »

Carl G.Jung

Qu'est-ce, en quelques mots, la Psychologie Intégrative ?

Voici une approche résumée, dont vous pouvez trouver la version plus longue et détaillée dans:

Revue Européenne de Psychologie et Droit

Pour donner une image un peu simpliste, la **Psychologie Intégrative** pourrait être comparée dans le domaine médical à la médecine intégrative se basant sur un **modèle Bio-Psycho-Social.**

Intégrer s'oppose à désintégrer.Cela ne signifie pas pour autant compiler en additionnant tous les courants existants.Il implique qu'il faille aussi choisir ce qui est pertinent, à quel moment, dans quel cadre ou situation pour la personne.

En ce sens, cet article bien que se basant sur l'acceptation généralement admise de cette branche, n'a pas la prétention d'être une définition parfaite, mais simplement ma meilleure compréhension personnelle et des pratiques en découlant.

D'autres définitions sont possibles mais n'ont pas toutes le même sens, ni le même but: pléni intégratif, intégration par paliers, éclectique,psychosynthèse actualisée etc…
Certaines se présentent comme un courant, une théorie, une branche ou un paradigme.
Dans cette phase de construction et de « works in progress », je préfère pour le moment la qualifier d'approche avec un ensemble de pratiques en découlant.

On recense en Psychothérapie entre 400 et 600 pratiques ou courants différents, dont certains très proches, d'autres diamétralement opposées, rattachées principalement à 5 ou 6 branches dominantes.

On peut certes déplorer cette confusion mais aussi constater la vigueur,dynamisme et créativité d'une Science, la Psychologie qui bien qu'ayant des racines fort anciennes, notamment en Philosophie ne s'est constituée et structurée que depuis 150 ans!

La **Psychologie Intégrative** inclut une attitude envers la pratique de la psychothérapie qui affirme la valeur inhérente de chaque individu. C'est une psychologie **unifiante** qui répond de façon appropriée et effective à la personne sur les niveaux de fonctionnement **affectif, comportemental, cognitif** et **physiologique** et adresse également la dimension **spirituelle** de la vie.
Il me semble important de souligner que « spiritualité » peut être envisagée dans toutes ses acceptations et pas obligatoirement religieuse ou Théiste.C'est une composante, au même titre que d'autres, de la construction de la personnalité d'une personne, par adhésion ou opposition.

Cette démarche s'oppose à mon sens à tout courant unique, doctrinaire et dogmatique et particulièrement aux dérives sectaires qui nécessitent une vigilance de tout instant.

Le terme 'intégrative' dans » **Psychologie Intégrative** » a plusieurs sens. Il renvoie au processus d'intégration de la personnalité : l'incorporation des aspects désavoués, ignorés ou non résolus dans une personnalité cohésive, réduisant l'utilisation des mécanismes de défense qui empêchent la spontanéité et limitent la flexibilité dans la résolution des problèmes, l'entretien de la santé, la relation aux personnes, pour être de nouveau en plein contact avec le monde.

C'est le processus de » **rendre entier** » . Par l'intégration, il devient possible pour les personnes de faire face à chaque moment de manière ouverte et disposée, sans la protection d'une opinion, une position, une attitude ou une espérance préformée.
Dans ce sens, sans qu'elle constitue un axe unique, j'intègre volontiers l'analyse sur la base de la psychologie analytique qui vise également à l'**Individuation de la personne, à sa complétude.**

Cette approche ne peut pas ainsi à mon sens exclure les apports de la psychanalyse qui demeure un outil puissant appuyé par des fondements solides de Psychologie Clinique.
Les apports des Sciences Cognitives, largement appuyées sur les Neurosciences ne peuvent être négligées.

La prise en compte des facteurs sociaux, familiaux et sociétaux fait appel aux différentes branches concernées des Sciences Humaines
La Psychologie Intégrative se rapporte également au rassemblement des systèmes affectifs, cognitifs, comportementaux,sociaux et physiologiques chez une personne, avec une conscience des aspects sociaux et transpersonnels des systèmes dans l'entourage de la personne. Ces concepts sont utilisés dans une perspective de développement humain dans lequel chaque phase de la vie présente des taches développementales spécifiques, des sensibilités aux besoins, des crises et des opportunités.

La Psychologie Intégrative tient compte de beaucoup de façons de d'approcher le fonctionnement humain.

Cela ne signifie pas que le thérapeute n'ait pas une préférence ou une compétence plus marquée pour un domaine particulier,ni qu'il soit une sorte de « psychologue caméléon » ,bien au contraire: mais que **cette approche du psychisme n'envisage pas, qu'il existerait une thérapie unique pour une problématique unique, mais une source de facteurs différents qui sont explicatifs mais varient selon les individus, son ressenti et parfois pour la même personne en fonction du temps.**

Chacune de ces approches fournit une explication partielle du comportement et chacune est renchérie lorsqu'elle est ponctuellement intégrée en continuité avec d'autres aspects de l'approche du thérapeute.

Les interventions thérapeutiques utilisées dans la psychologie intégrative sont basées sur la recherche et les théories

Le but d'une psychothérapie intégrative est de faciliter la complétude de façon à ce que la qualité d'existence de la personne et son fonctionnement dans l'espace intra psychique, interpersonnel et social soit maximisé avec tout le respect dû aux limites personnelles et les contraintes externes/extérieures de chaque individu.

Dans ce cadre on reconnaît que l'intégration est un processus dans lequel les thérapeutes doivent également s'engager. Ainsi, l'attention est centrée sur l'intégration personnelle des thérapeutes.

Cependant, bien que l'attention portée sur la croissance personnelle du thérapeute soit essentielle, il faut également un engagement à la recherche continue de connaissance dans le domaine de la psychopathologie, des données issues des neurosciences et différentes branches des sciences humaines, avec sans doute la Philosophie et la vison de l'Humain en découlant, comme racine ou trame unificatrice..

Il y a une obligation éthique particulière pour les psychothérapeutes intégratifs, de dialoguer avec des collègues de différentes orientations, et de se tenir au courant des développements dans le domaine.

Cette impérieuse obligation est compréhensible, car un seul individu ne peut bien entendu avoir une connaissance encyclopédique de l'ensemble des disciplines impliquées, ce qui implique pour lui d'avoir l'humilité de reconnaître son champs de compétences, de l'enrichir par un apprentissage permanent et continu, et d'orienter si nécessaire selon son analyse et en accord avec lui, le patient vers un praticien plus spécialisé.

Les traumatismes et facteurs de risque

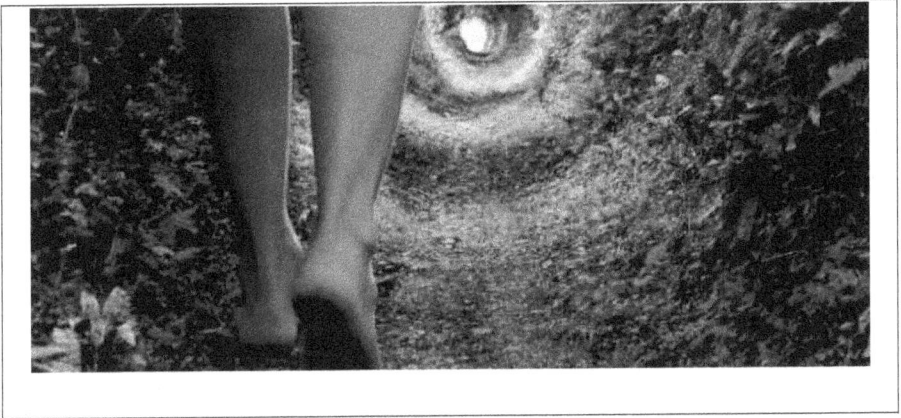

Les traumatismes : facteurs de risque ?

Toutes les personnes ayant vécu un événement dramatique ne vont pas développer des manifestations immédiates et apparentes !

La qualification de 'dramatique » varie d'un individu à l'autre et de sa situation.
Elles pourront apparaître, en simplifiant, sous formes de simples troubles, de névroses ou de psychoses.
Les symptômes seront aussi bien psychiques que souvent somatiques.
De nombreux facteurs peuvent participer à l'origine, au développement et l'évolution de ces troubles, ils sont liés au psychisme, à l'organisme, l'environnement social et familial et peuvent se trouver dans la jeune enfance et l'histoire de vie (biographie) de chaque individu.

Leur origine et les circonstances ne sont pas toujours connues du Conscient de la personne, et leurs manifestations parfois enfouies dans l'Inconscient.

<u>**Néanmoins certains facteurs vont participer et favoriser l'apparition de symptômes.**</u>
<u>Ces facteurs varient d'un individu à l'autre et pour la même personne impacter différement dans le temps.</u>

Il est important de prendre en considération les variables aggravant la fréquence et l'intensité des réactions
Ces facteurs peuvent schématiquement se diviser en trois catégories principales <u>mais non limitatives</u> :

- **Les variables liées à l'événement**
- **Celles liées à l'individu**
- **Les caractéristiques liées au milieu de récupération.**

L'accumulation de ces facteurs potentialise le risque de développer un ou plusieurs symptômes.

Les variables liées à l'événement
L'intensité et la gravité de l'événement.
On ne cite ici que certains *incidents critiques* qui dépassent généralement la capacité de gestion de la majorité des individus confrontés à ceux-ci.
Certains événements plus mineurs peuvent avoir un ressenti mineur chez une personne et majeur pour d'autres.
L'appréciation du degré de « gravité » de l'événement doit être mise en perspective du ressenti de la personne elle-même.

Par exemple :

- **Le décès** de proches
- **Les menaces** de mort
- **Les sévices** psychiques et physiques
- **Les blessures, maladies graves et les séquelles** importantes ou irréversibles
- *Des traumatismes indirects peuvent résulter du traumatisme premier.*
- **La durée de l'événement traumatisant**
- Une personne victime d'un accident court d'autant plus de risque de développer une souffrance traumatique qu'elle a attendu longtemps les secours.
- **Le caractère répétitif et la fréquence d'exposition au(x) facteur(s) traumatisant(s).**
- Plus l'exposition a été longue et/ou fréquente, plus la personne risque de présenter des symptômes traumatiques.
- **La multiplicité des facteurs traumatisants.**

La survenance d'un nouvel événement traumatique **réactualise** les mécanismes de traumatismes antérieurs et ne s'additionnent pas mais augmente de façon exponentielle les effets d'un nouvel événement.

- **La proximité physique**

Au plus la personne est proche du lieu de l'événement traumatique, au plus elle risque de développer un syndrome psychotraumatique.

- **La proximité émotionnelle**

. Au plus la personne impliquée dans l'événement traumatique est proche du sujet (famille, amis, connaissances) au plus elle court le risque de présenter des symptômes traumatiques.

- **L'imprévisibilité et le caractère incontrôlable de l'événement**
- **L'intentionnalité des auteurs de l'événement**

Lorsque la mort, les blessures, la souffrance et les dégâts sont occasionnés, entretenus et exacerbés délibérément par un ou des tiers malveillants, les valeurs humaines fondamentales, telles que la paix, la générosité, l'altruisme, la solidarité, la morale, le prix de la vie et l'intelligibilité des choses, sont déniées.
Il y a transgression des lois les plus élémentaires

régissant l'humanité. Le vécu traumatique suscite dès lors une interrogation sur la nature humaine. Il est difficile de différencier la souffrance engendrée volontairement par un être humain de la souffrance provoquée accidentellement ou liée
aux désastres engendrés par les forces de la nature

Variables liées à l'individu

- **Le sexe**

. Pour des raisons diverses, liées probablement à des facteurs sociaux et culturels, les femmes sont plus à risque que les hommes de développer des symptômes après avoir vécu un même événement traumatique.

- **L'âge**

Les enfants et les personnes âgées sont plus vulnérables que les adultes dans la force de l'âge.

- **L'impréparation**
- **Le soutien social**

Avoir été seul au moment du traumatisme pourrait être un facteur d'intensification.

La personnalité,les ressources psychologiques et physiques de la personne avant l'incident critique.

- **Le stress cumulatif**

. La personne sera d'autant plus à risque de développer un syndrome psychotraumatique qu'elle aura vécu antérieurement d'autres événements potentiellement traumatisants.

Les événements douloureux personnels récents ou anciens (rupture sentimentale, accident ou maladie grave du sujet ou d'un de ses proches, deuil d'un proche, perte d'emploi, etc.) fragilisent les individus.

- **Le burn-out professionnel**

. Les ressources émotionnelles des personnes souffrant d'épuisement professionnel sont restreintes et leur permettent difficilement de faire face à un événement hautement stressant.

- **Le rôle de la personne dans le déclenchement ou le déroulement de l'événement**.

Lorsque le sujet est l'agent du drame, le risque qu'il développe un syndrome traumatique est élevé.

- **La perception et l'évaluation personnelle**

. Par exemple, des événements stressants vécus au nom d'une idéologie qui approuve la violence

La spiritualité ou la foi religieuse peuvent également diminuer ou au contraire favoriser, l'impact traumatogène d'une situation.

- **La traumatisation « vicariante »**

. La personne s'identifie à des victimes plus touchées qu'elle par le traumatisme.

- **La vulnérabilité de résonance.**

Elle est découle de la signification particulière que peut revêtir une situation pour un sujet particulier à un moment de son histoire.

Avoir vécu un conflit intra-psychique au moment de l'événement critique accroît le risque

Parmi les conflits possibles, citons le conflit de conscience

- **Le conflit de conscience se potentialise parfois du conflit de culpabilité**

lorsque la personne a accompli une action contre ses convictions morales ou éthiques et qu'elle la regrette ensuite ou qu'elle s'est abstenue d'intervenir dans une situation où elle était témoin d'actes immoraux.

- **L'atteinte des croyances de base**

. La disparition du lien de confiance aux autres

(due à l'intentionnalité des violences subies) et la dissolution du sentiment

d'appartenance à l'ensemble des êtres humains

- **Les croyances et les valeurs internes de la personne avant le trauma.**

- **L'attribution causale**

C'est-à-dire l'interprétation que la personne a de sa position

dans la vie. Certaines personnes pensent : « Je suis responsable de tout ce qui m'arrive » et d'autres, au contraire : « Je suis victime de tout ce qui m'arrive ».

Si la personne se sent généralement victime, le traumatisme est généralement plus important parce qu'elle a le sentiment qu'elle n'a pas de contrôle sur ce qui lui arrive.

Les stratégies d'adaptation au moment du trauma développées par la personne et leur efficacité en fonction de l'interprétation qu'elle en a.

La culpabilité réelle ou imaginaire.

Si la culpabilité ou le sentiment de culpabilité est important, il s'accompagne généralement de comportements d'autopunition.Cet aspect est particulièrement à prendre en compte car il est présent et récurrent notamment chez des enfants et adultes ayant souffert de sévices de toute nature(physiques,sexuels,psychiques) de la part de personnes proches ou de l'entourage familial,avec lesquels existent une relation affective ou d'autorité(d'un majeur sur un mineur).

Lorsqu'une personne est l'agent involontaire d'un drame, elle fait généralement l'amalgame entre responsabilité et culpabilité.

La culpabilité peut être dans certains cas » objective ». C'est le cas lorsqu'une personne a provoqué intentionnellement un événement traumatique.

Les efforts déployés par certaines personnes pour ne pas perdre la face mobilisent une énergie importante qui à court ou à moyen terme diminuent leur capacité de coping (mise en place de mécanismes de défenses de protection).

De leur point de vue, les individus ont de bonnes raisons de vouloir se montrer forts. Une femme ne veut pas « se laisser aller » à son chagrin suite au décès par de son époux parce qu'elle doit continuer à assumer ses enfants. .

- **Les bénéfices secondaires**

Si la personne tire de grands avantages de son syndrome traumatique, les chances de guérison sont réduites.

Une personne est mise en congé pour maladie et évite ainsi de reprendre un travail qu'elle déteste.

Une femme est « chouchoutée » par un mari auparavant très distant.

Un homme attend que son handicap soit évalué par les assurances. Il risque de perdre le bénéfice d'une pension élevée si son état s'améliore.

Les variables liées au milieu de récupération

Un état de stress aigu ou un syndrome psychotraumatique ou tout autre pathologie mentale (dépression, psychose, etc.) dans l'entourage proche. Les personnes sont incapables d'offrir un soutien, étant elles-mêmes en souffrance.

- **Le soutien de la part des proches**

Si la personne est socialement et/ou affectivement isolée, elle ne bénéficie pas de soutien de ses proches. Par ailleurs, cette situation l'amène à faire des efforts d'adaptation qui finissent par épuiser ses capacités

- **Le support social**

(individualisme versus collectivisme)

- **L'attitude de la société envers les victimes.**

Dans certains cas, le traumatisme collectif induit un devoir de mémoire dans la communauté

Cette liste ainsi est certes est incomplète mais permet d'aborder un grand nombre de facteurs qui favorisent l'apparition des troubles.

Cela souligne la nécessité d'un analyse rigoureuse et de prendre en compte que les facteurs sont multiples et que les méthodes thérapeutiques utilisées doivent être adaptées à chaque personne et sa situation dans son vécu de vie.Les situations d'urgence dans le cadre d'événements graves, de catastrophes naturelles ou provoquées par l'homme sont traitées par des équipes spécialisées et formées, et obéissent à un protocole connu, efficace et consensuel.

Après la prise en charge immédiate, un suivi thérapeutique est la plupart du temps nécessaire sur une moyenne ou longue durée.

Il existe un groupe de disciplines étudiées, formalisées et expérimentées donnant de bons résultats partant du principe qu'il n'y a pas un mais plusieurs facteurs, que chaque personne a un ressenti différent et que c'est au praticien dans la relation d'aide de faire appel à la ou les méthodes estimées les plus pertinentes.

C'est en cela qu'une démarche intégrative ne propose pas une solution unique et universelle valable pour tous les individus quelque soit le ou les troubles, mais un ensemble de solutions adaptées.

Qu'est-ce la Synchronicité?

La synchronicité : élément essentiel du puzzle?

« Si Dieu joue aux dés, je me refuse à croire qu'il ne joue qu'aux coups gagnants. »

Albert Einstein

C'est un concept développé par le psychiatre suisse *Carl Jung* qui le défini lui-même ainsi :

«J'emploie donc ici le concept général de synchronicité dans le sens particulier de coïncidence temporelle de deux ou plusieurs événements sans lien causal entre eux et possédant un sens identique ou analogue. Le terme s'oppose à « synchronisme » qui désigne la simple simultanéité de deux évènements. La synchronicité signifie donc d'abord la simultanéité d'un certain état psychique avec un ou plusieurs événements parallèles signifiants par rapport à l'état subjectif du moment, et – éventuellement – vice-versa. ».

56

Ce sujet mérite une place importante de l'analyse.Ce concept imprègne, consciemment ou inconsciemment, l'ensemble de nos interrogations et nécessite d'y consacrer des travaux de manière plus approfondie que cette simple approche.

Il a été « reproché « à Jung d'avoir introduit ce concept sans véritablement le développer davantage.

Une autre façon d'aborder cet aspect en Psychologie, est en quoi la rencontre, »confrontation » entre une personne et un évènement indiquant une synchronicité peut être révélatrice de sa personnalité et de certains aspects de son inconscient?

Quelles ouvertures cela lui apporte t-elle, et en quoi son ancrage dans le présent et sa projection dans le futur peuvent être impactés?

Je me suis longtemps interrogé, tant l'influence des méthodes dites « traditionnelles » de recherche reste grande, comment poser la méthodologie d'une analyse dans le cadre de ma discipline.

Cette notion « transpire » ; apparaît, surgit sans cesse, de toute part, chez les jungiens comme chez d'autres, sans que nous en ayons une approche et une compréhension conceptuelle tout à fait claire ni même approchée.

La profusion de recherches témoigne de son importance.

Après avoir examiné les différentes approches, depuis un concept physique et quantique, une dimension divine et métaphysique éventuelle dans la philosophie post-newtonienne, depuis ses manifestations, que l'on trouve en leitmotiv permanent chez Jung et dans la pensée bouddhiste, aussi bien que dans les recherches les plus ésotériques, le hasard (ainsi dénommé par le monde de la science), ou la synchronicité, m'a amené à découvrir ou redécouvrir une citation célèbre, celle d'Albert Einstein, à la fin de sa vie.

Il avait tout découvert, tout entrevu mais restait « frustré » que son génie ne puisse lui apporter une dernière réponse :« Si Dieu joue aux dés, je me refuse à croire qu'il ne joue qu'aux coups gagnants. »

Dans les différentes recherches et définitions de cette notion, on peut citer le passionnant ouvrage collectif « **La Synchronicité, l'âme et la science** »

Michel Cazenave & *Hubert Reeves, P. Solié, Karl H. Pribram, Hansueli Etter, Marie-Louise von Franz*

Résumé :

« *Théorie des événements porteurs de sens et conception d'un ordre sous-jacent de l'Univers qui échapperait aux lois physiques de la causalité, la synchronicité représente l'une des hypothèses les plus audacieuses de C. G. Jung, tant par la définition de l'inconscient qu'elle induit que par les liens qu'elle crée entre les différentes disciplines scientifiques. Visions, clairvoyance, phénomènes de coïncidence – faits auxquels Jung fut confronté dans son expérience clinique – sont des notions dont il tente de rendre raison en les inscrivant dans un ordre universel a-causal, ouvrant ainsi de nouvelles perspectives qui permettent de confronter ses travaux aux interrogations et aux formulations les plus récentes de l'activité scientifique. C'est donc cette recherche sur l'organisation du monde et sur la réalité de l'âme que les co-auteurs de cet ouvrage : Hubert Reeves, Michel Cazenave, Pierre Solié, Karl Pribram, Hansueli Etter et Marie-Louise von Franz, ont ici poursuivi avec des points de vue multidisciplinaires et une totale liberté de pensée.* »

Quels enseignements éventuels en extraire ? Peut-être d'oublier un instant la théorie et de se fier à l'expérience.

- La synchronicité dans le « vécu », si tant est que l'on s'habitue à ses manifestations, fait partie intégrante de notre vie.

- Elle se manifeste à travers des signes, des coïncidences, des indications que nous semblons recevoir.

- Les jungiens intègrent ce concept dans l'analyse

- Elle s'exerce ou apparaît dans des domaines courants de notre existence. Penser à une personne à l'autre bout du monde et la croiser soudain au coin de la rue d'un village au centre de la France, voilà un exemple visible et apparent de ce phénomène.

- Ses manifestations sont courantes et ne doivent pas être perturbantes pour celle ou celui qui a la possibilité de les recevoir.

Un exemple de synchronicité, que chacun a pu expérimenter est de **recevoir un appel téléphonique d'une personne à laquelle on était justement en train de penser**. Jung intégra ce concept à sa théorie du fonctionnement psychique, au sens où cette occurrence surprenante pour le sujet, le faisait aller dans une autre voie de réflexion, permettant à certains de connaître un changement d'état important. On retrouve ce phénomène à l'inverse c'est-à-dire vers un état de dégradation quand par exemple deux personnes se fâchent et que l'une d'elles a par la suite un accident grave. Le sujet qui a souhaité du mal à l'autre peut se trouver alors affecté ou très affecté.

Ce qui est important pour Jung dans la synchronicité ce n'est pas que deux événements se produisent en même temps (ça c'est le synchronisme), mais le lien causal auquel un sens est donné par le sujet à cette occurrence. Ce sens nouveau donné, permet parfois au sujet de se libérer, et d'obtenir plus de bien être.

Ainsi, il est possible, pour en appréhender mieux la signification, que nous soyons amenés à ne pas la considérer uniquement comme un signe et un élément isolé mais comme une partie intégrante d'un système dans son ensemble.

Je trouve intéressant également cette approche, de Ramila Moacanin , qui parmi d'autres a analysé certaines convergences entre des concepts Jungiens et l'approche Bouddhiste:

« L'Objectif final des bouddhistes est de supprimer la souffrance, celui de Jung, la guérison des blessures psychiques de l'homme, pour le bouddhisme il est possible de se libérer totalement de la souffrance, pas pour Jung pour qui la souffrance est inhérente à la vie, dont elle est même un ingrédient nécessaire.

Les deux voies mènent au Soi-Centre, Cœur du Mandala.
Lorsque, selon la prophétie tibétaine du VII ème siècle, les oiseaux géants, les oiseaux d'acier transportèrent au XX ème siècle les Tibétains du sommet des montagnes au sein de notre monde ; c'était un moment de synchronicité entre l'esprit et la matière.»

Méditation de Pleine Conscience : Comment utiliser certaines pensées, sensations parasitaires gênantes dans la pratique, en outils la facilitant agréablement ?

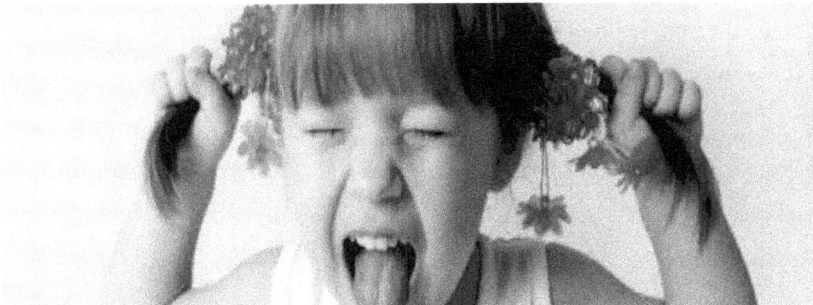

Les retours d'expérience dans la pratique individuelle ou en groupe de participants à des séances de Méditation de pleine Conscience, essentiellement en début de pratique, bien que non systématiques, présentent certains thèmes récurrents.

Il ne s'agit pas donc de « conseils » théoriques et complexes, ni d'un « truc », mais de résultats expérimentés de longue date et qui fonctionnent bien !

Dans les catégories principales ou thèmes rapportés, apparaissent de façon sporadique au début, mais non systématique comme des obstacles en première approche et ensuite au contraire, des outils facilitateurs.

A ce titre, je ne les considère ni comme une « stratégie » quelconque ou un « biais cognitif », un simple retour utile, en cohérence avec une base solide.

Le doute de l'efficacité sur soi-même :

Le doute est normal, en particulier au cours des premières séances.

De la même façon, que vous pouvez éprouver dans la vie courante, un doute ou une incertitude sur une action à mener, il y a souvent derrière cette interrogation personnelle :

« *Est-ce que cela va marcher pour moi ou me convenir ?* » ou sous d'autres déclinaisons

« *Cela fonctionne pour certains mais peut-être pas dans mon cas ?* »

Ce doute est fréquent ; mais en méditation ce doute est une pensée au même titre qu'une autre.

Derrière ce « doute-pensée », il y a probablement une anxiété sous-jacente, un manque de confiance en soi, une forme de mesure de sa propre performance ou bien d'autres facteurs.

Si légitime soit-elle, considérez d'abord simplement que ce n'est pas un fait mais bien une pensée.

Il n'est pas nécessaire ni souhaitable dans ce cadre-là, d'élaborer davantage.

Notez-la « intérieurement », vous en prenez « acte » et revenez à la concentration sur la respiration abdominale.

La Méditation de pleine Conscience est justement, entre autres, indiquée, pour l'anxiété, ce n'est donc pas un hasard...

Accepter, sans le combattre ce doute, vous ramène à la pratique et justifie le bien-fondé de réduire cette manifestation anxieuse, au même titre que les autres.

Ce doute donc naturel, sous un angle ou un prisme différent, n'est plus alors un obstacle mais un allié et une confirmation vous incitant à vous reconcentrer sur la respiration et l'ensemble de la pratique.

L'impatience, l'agitation, l'ennui :

Dans une pratique assise, quasi immobile, les pensées de tout ordre affluent, simples ou complexes.

Par exemple, j'ai x choses à faire aujourd'hui, et je suis assis là, immobile.

La pensée, qui peut vous traverser l'esprit peut être de cet ordre :

« *Que suis-je en train de faire ici , immobile, alors que j'ai une liste de choses à faire* », cette pensée peut vous emmener à compter les minutes, regarder votre montre, trouver le temps long, être pressé que cela se termine, etc...

Tout cela une nouvelle fois est bien naturel, notre vie quotidienne est inscrite majoritairement dans l'action, la réflexion, la planification.

En cette étape méditative, cela vous paraît peut-être contradictoire, mais vous êtes dans une attitude et une position de « Non-Agir » à part vous recentrer sur la pratique, en particulier la respiration.

Ces différentes pensées, une nouvelle fois, notez-les toujours en vous-même.

Il peut même être utile, si nécessaire, de leur donner un nom : elles sont des signes diffus d'anxiété et de légère agitation associée.

Il est aussi possible, que derrière se profile une certaine forme de peur, mais ce n'est pas –encore- le moment ni le lieu de chercher ou d'investiguer !

L'analyse, en toile de fond, est destinée à cela.

Ne cherchez donc pas à les « combattre » mais acceptez-les, en retournant à l'exercice au lieu de vous focaliser sur cette « construction mentale » interne, vous en réduirez l'impact.

Le reconnaître, l'accepter sans lutte inutile, est un volet d'amélioration et d'apaisement de la méditation.

L'énervement, l'irritation :

Un certain nombre de pensées ou de sensations, peuvent provoquer un certain énervement, de même manière que beaucoup de personnes s'énervent coincées dans un embouteillage.

Cela est naturel, courant et ne présente pas de particularité.

Cela peut vous emmener car vous êtes décidés à « solutionner » cette gêne, à résister, lutter contre cet « énervement ».

Cette lutte va davantage amplifier cette sensation.

A ce moment-là, prenez un recul intérieur et bref, et remettez-vous en mémoire, le principe simple suivant de Méditation de Pleine Conscience :

« Plus vous allez résister à une pensée, plus celle-ci va persister »

« Autorisez-vous » en quelque sorte, à ce que cette pensée et les sentiments, sensations associées soient présentes, vont, viennent, disparaissent.

Soyez indulgent envers vous-même et reconcentrez-vous sur l'exercice autant de fois que nécessaire.

« indulgent » signifie ici, ne pas « se juger », arrêter de mesurer sans cesse sa propre « performance » (du terme anglais, Self performance Esteem).

Cette "auto-évaluation" considérée comme critique et utile, dissimule souvent en fait que c'est le regard de l'autre que nous examinons et nous en tirons parfois un ressenti subjectif, un peu dévalorisant qui est au contraire défavorable à l'estime de soi.

L'envie simple de faire autre chose !

Rien que de très banal, en dehors de la méditation, d'être traversé par cette pensée et le sentiment dans une situation quelconque de la vie de tous les jours, de vouloir être ailleurs, faire autre chose et la plupart du temps dans la vie quotidienne, différentes contraintes vous empêchent d'y céder.

Là, en dehors de votre propre choix, pas grand-chose sauf peut-être de ne pas participer à une pratique régulière de la méditation, vous en empêche : quelle contradiction et comment faire ?

Les mêmes efforts que vous déployez intérieurement pendant l'exercice à vous imaginer les x choses alternatives que vous pourriez faire au lieu de méditer, utilisez ni plus ni moins cette même énergie à imaginer, toujours brièvement, ce que vous apporte à court terme cette pratique dans la réduction de votre anxiété, entre autres.

Les deux alternatives sont des pensées bien sûr, mais au moins cette dernière vous apportera une forme de solution et soulagement.

Cela peut vous inciter à poursuivre la pratique, vous reconcentrer et vous apaiser sans trop d'énergie contre-productive.

Cette pratique et plus encore, les effets et les bénéfices apportés par la Méditation de pleine Conscience, constituent un outil d'apaisement et réduction des troubles anxieux, d'épisodes dépressifs et d'autres problématiques, efficaces et étayés.

Ils entrent dans un cadre cohérent avec une analyse précise et individualisée dans une psychothérapie intégrative ou d'autre courants d'approche psycho dynamique, approfondie ainsi que d'autres approches.

Une thérapie a pour finalité la "séparation" avec le thérapeute, gage d'une autonomie retrouvée satisfaisante pour la personne.

Cela signifie, et j'insiste sur ce point fondamental en psychothérapie intégrative (comme d'autres courants), qu'une personne exprimant une demande d'aide pour soulager une difficulté de quelque intensité soit-elle ; est d'abord et avant tout une personne à part entière, avec un nom, un prénom, une histoire de vie, un passé et un futur.

On peut évoquer un « trouble », mais on « n'évoque pas » un être humain, on l'écoute et on lui prête attention, on lui facilite la verbalisation ou l'expression, parfois jusqu'à la limite de l'indicible.

Cela peut prendre quelque temps mais n'empêche en rien d'apporter en parallèle, un apaisement, un retour progressif à une forme de stabilité.

Ce n'est donc pas une simple nuance sémantique ou doctrinaire.

une thérapie a pour finalité la séparation avec le thérapeute, gage d'une autonomie retrouvée et satisfaisante pour la personne

Une source bibliographique parmi d'autres (sur la Mindfulness):

Dr.Elisha Goldstein, Ph.D. is author of The Now Effect, co-author of A Mindfulness-Based Stress Reduction Workbook, Foreword by Jon Kabat-Zinn

La jalousie est complexe, entre secrets et émotions?

La jalousie est majoritairement abordée sur l'angle du couple et de sa relation.

Cela crée souvent un débat dans lequel elle est souvent amalgamée avec fidélité, sexualité et liberté, au gré de ses représentations sociales, culturelles ou religieuses.

Si d'emblée, il apparaît que la jalousie dépasse la simple sphère de la relation à deux, c'est souvent une notion d'individualité, d'Ego qui est en question.

L'Ego est souvent perçu comme le manque de confiance en soi, mais peut aussi être appréhendé dans cet aspect, comme **un amour pour « soi-même » qui réduit l' «autre» à un objet.**

Si cet « amour-propre », pas si « propre », est *jalousement* dissimulé, c'est peut être que ses ressorts sont profondément ancrés en nous.

Ce qui est *inavouable* est très dur à avouer, ce qui nous échappe l'est d'autant plus.

Mon interrogation porte donc plutôt sur la jalousie maladive, sur ce qu'elle dévoile et nous amène à nous interroger sur nous-mêmes.

Même si ce « *secret* » est largement médiatisé et fait partie des titres spectaculaires parfois de bien tristes faits divers, c'est un peu une histoire ordinaire, de la vie de tous les jours qui cache des violences subies et des souffrances inavouables.

La jalousie d'un enfant est naturelle et constitue une étape importante de son développement, suivant la phase de sevrage.

En apprenant qu'il n'est plus l'objet unique de l'affection et de l'attention, il s'individualise et manifeste cet « abandon » à grand bruit..

Adulte, il est souvent banal de se sentir jaloux et une pointe de jalousie n'a rien d'inquiétant.

Cette dose habituelle de jalousie est souvent ressentie et présentée comme une manifestation d'affection, quand il est en est privé, le (la) jaloux est triste ; il rassure sa partenaire sur ses sentiments.

Mais quand la limite est franchie, on sombre dans la jalousie maladive, pathologique qui est aussi insupportable, pour soi comme pour l'autre ou les autres, et peut conduire aux pires excès.

Quand on examine ce sujet, la jalousie maladive « adulte » même si des thèmes communs ou proches se retrouvent bien souvent, les réactions et les comportements des uns et des unes divergent ou se rejoignent fréquemment parce que nous sommes différents :

C'est la psycho-diversité, l'écho dans la Psyché de l'aspect écologique, la biodiversité.

On trouve toujours à son origine, la trace du jeune enfant et de ses relations à son cercle familial.

L'éducation, la société, les mœurs viendront le modeler, l'amplifier, le diminuer mais c'est toujours d'une histoire individuelle qu'il s'agit, qui touche à l'intime, dans tous les sens du terme.

C'est pour cela que le Je, Il ou Elle sont indifféremment utilisés car la jalousie nous renvoie à nous-mêmes et nous amène à nous interroger.

Adulte, le sujet de la jalousie est souvent banalisé, « piment » du couple pour les uns, problème relationnel pour les autres, drame des faits divers alimentant notre voyeurisme, sévices psychiques et corporels, compassion et isolement.

Dans le domaine de l'intime, ce « piment » parfois invoqué est composite.

Ce qui est un « jeux » dans une relation assumée, peut être dans la jalousie maladive, du piment de Cayenne

La relation à l'autre, devenue un objet est toujours présente.

C'est en examinant cette brèche grande ouverte sur l'inconscient, l'histoire de vie et la situation actuelle que l'on peut peut-être comprendre que cette émotion peut certes déborder mais qu'il n'y a pas de « fatalité » ni à finir dans les faits divers, ni à être trop complaisant et perdurer dans la soumission.

Le (la) jaloux ne l'avoue qu'avec difficulté, car cette émotion, les sentiments reliés et les comportements induits paraissent inavouables et honteux.

Quand il en parle, c'est souvent pour exprimer un sentiment d'abandon, d'être délaissé et évoque sa tristesse, provoquant parfois une culpabilité chez l'autre, qui peut alors se trouver dans un piège infernal, le choix terrible entre subir sa tyrannie ou prendre la fuite.

Les frustrations sous-jacentes, et mal refoulées difficiles à avouer, sont le plus souvent inconnues de soi-même.

Il paraît difficile d'avouer un mécanisme inconscient qui remonte la plupart du temps à la petite enfance, une terrible étape de sensation d'abandon et d'injustice.

<u>S'il n'est pas conscient des raisons, le jaloux l'est la plupart du temps de ses comportements et des souffrances engendrées.</u>

Les crises de jalousie en famille sont parfois violentes, le jaloux n'est pas seul, les enfants sont spectateurs et c'est tout le cercle familial, social et professionnel qui se rétrécit.

Ce qui est violent, psychiquement ou physiquement n'est jamais anodin.

Cela ne fait pas de lui fatalement un sadique ou un pervers, mais sa « tristesse » ne doit pas être confondue non plus avec une « mélancolie romantique » (*qui n'est rien d'autre qu'un état dépressif*).

L'amoureux, « largué » pour un autre par sa compagne, peut déprimer dans le processus de deuil de sa relation.

Le jaloux est triste, pour lui, quand sa « compagne » s'absente.

Il est triste ? Le temps qu'elle revienne et soit soumis(e) à un interrogatoire et plus, si affinités…

La raison seule, n'est pas opposable au jaloux car ses débordements émotionnels névrotiques lui échappent et dans les formes graves peuvent conduire à la jalousie maladive, et dans la pathologie paranoïaque ou la psychose hystérique, provoquer une extrême agressivité et des actes irréparables.

Cette sinistre mécanique peut s'enrayer et doit être stoppée, le thérapeute n'est ni juge, avocat ou gardien du temple, ni même le plus souvent consulté.

Dans « Fragment d'un discours amoureux » **Roland Barthes** l'expose en quelques mots :

« La jalousie est une équation à trois termes (permutables) : on est toujours jaloux de deux personnes à la fois: je suis jaloux de qui j'aime et de qui l'aime. »

Voici dans le désordre quelques « pistes »…..

La possession : l'autre est un objet qu'un « tiers » peut nous voler !

Je ne peux pas craindre de perdre ce que je ne possède pas ou ne pense pas posséder.

Cette possession d' « objet » comme un droit pervers de propriété ne peut s'exercer que si il existe un risque de se le faire « voler « ou « emprunter » par un tiers ou plusieurs.

-**Si ce tiers existe**, comme je suis dans l'émotion et pas dans la raison, je peux lui prêter toutes sortes d'intentions, auxquelles l'Autre, objet et personne est perméable, sensible, réactive ou pas.

-**Si ce tiers n'existe pas**, je peux très bien l'inventer. A l'âge adulte, c'est peu souvent l'ami imaginaire de l'enfant ou le loup qui exorcise ses peurs.

Dans tous les cas, il faut a minima un tiers, pour que comme dans la paranoïa, mon délire reste cohérent, mais puisse s'étendre à plusieurs.

On évoque essentiellement la relation conjugale comme le théâtre favori de la jalousie.

On oublie que la jalousie (et non l'envie) peut s'étendre à toute la sphère relationnelle, familiale, proche, lointaine ou étrangère soit directement, soit par « ricochets ».

Le partenaire n'a ni besoin d'être fidèle ou infidèle, dans le sens affectif et sexuel du terme, pour alimenter la jalousie de l'autre.

La fidélité est un thème de choix pour le jaloux, mais qu'elle soit réelle ou non ne change pas grand-chose à sa problématique, car le jaloux n'est plus en « phase ».

Le (la) jaloux a un besoin vital de l'autre pour exister et exercer sa jalousie. Cette obligation est si puissante, qu'elle consomme une importante énergie, limite son champs émotionnel tout autant qu'elle dévore l'autre, qui devient peu à peu, ce qu'il (elle) est pour le jaloux, un OBJET.

Cette surchauffe, surconsommation d'énergie et d'émotion occupe tout le temps disponible du jaloux, comme dans un registre différent le phobique est monopolisé par sa phobie.

Si l'obstacle de l'inconscient est déjà bien ancré, le temps nécessaire à une thérapie ou recherche d'issue est aussi amputé.

Le « rival » ici est donc forcément nécessaire, fantasmé ou pas mais n'est pas un simple cambrioleur, il lui vole Son objet et Sa raison même d'exister.

En se manifestant « physiquement » ou par ses traces, il « **auto-valide** » le **raisonnement du jaloux.**

En étant absent, il se diabolise par sa ruse, complote et envahit les pensées du jaloux et de l'objet, y compris dans les moments intimes.

Ce qui amène à penser, que si le jaloux trouve à l'extérieur des « preuves » flagrantes, il est au fond tout seul dans un processus auto-validant.

Le « choix » du rival est assez ouvert, c'est un « *menu à la carte* » :

-Le rival qui nous ressemble : il devient facilement « substituable », il peut aussi s'améliorer et risquer de nous dépasser

-Le rival très différent : il est très grand, très fort, très ceci, très cela : il peut nous surpasser.

-**Le rival « insipide » et jugé plutôt idiot**, devient incompréhensible et d'autant plus suspect.

Sa puissance « potentielle », dans la plupart des cas, enferme le jaloux dans une « inflation » psychique parfois délirante.

La jalousie n'est pas l'envie :

L'envie s'inscrit dans une dynamique d'action ou d'inertie.

Ce n'est pas un besoin mais un désir qui le crée.

Je peux partir à sa conquête et mettre en œuvre une grande énergie pour l'acquérir.

Je peux aussi me résigner et me contenter de ce que j'ai, ou me désespérer par ce que je ne pourrai jamais l'obtenir.

Ainsi, je ne suis pas jaloux de mon voisin qui a une belle voiture ou une plus grande maison : **je suis envieux de ce qu'il possède et que soit je ne possède pas ou le sentiment de ne pas posséder.**

Quand un être aimé est malade, ou risque le pire, je suis peiné, anxieux, angoissé, **je ne suis pas jaloux.**

Je peux par contre être jaloux d'un proche, malade ou pas, qui détourne l'attention de moi et de surcroit, comme un frère grippé échappe à l'école, je suis jaloux et envieux des avantages (bénéfices secondaires) qu'il en retire.

Cadet enfant, j'apprécie mal que mon frère plus âgé ait une plus grande et « belle » bicyclette !

Si pour reprendre l'image, le thermomètre de mon frère indique une fièvre seulement légère, je suis assez tenté de penser qu'il simule et a trouvé une « bonne combine ».

Adulte, ce « thermomètre » imaginaire indiquera surtout non pas l'état de l'autre, mais mon niveau d'Ego et son degré de narcissisme.

Il n'indiquera pas les éventuelles brèches et fissures !

L'Ego et le narcissisme:

Le doute de soi s'affiche dans le doute de l'autre.

Ce manque de « confiance en soi » est une blessure ou une **faille narcissique**.

L'Ego est de l'amour, de l' « amour-propre » pour soi : ce n'est pas de l'amour pour l'autre.

Dans une jalousie maladive, on est dans un stade infantile qui adulte, donne à l'objet une valeur de « monnaie » dont le cours subit une inflation ou une déflation.

Je prends volontairement cette image choquante, car dans cette relation de propriété marchande de l'objet, **ce n'est pas l'objet qui fixe sa valeur et son prix.**

Selon la psychanalyse, le premier « choc » intense de la jalousie n'a lieu qu'une seule fois, dans la toute petite enfance, à la fin de la période de sevrage.

C'est la jalousie terrible, l'abandon de la mère qui « détourne » l'exclusivité de son affection.

Il peut permettre aussi à la fin de ce stade, de prendre une juste distance dans la fusion avec la mère.

Il sera important pour pouvoir accepter plus sereinement, l'arrivée d'un petit-frère ou d'une petite-sœur et ne pas le « transformer » en rival potentiellement « dangereux ».

Les réminiscences de cette expérience infantile, se retrouvera avec l'arrivée du nouveau compagnon, de demi-frères et sœurs dans les familles recomposées.

Tout dépend donc de quelle façon et avec quelle intensité dont cette première meurtrissure aura été vécue.

Le jaloux ne vit désormais plus en "phase" avec le monde ambiant (Lagache).

Son entourage lui est indifférent, se refuse à lui, ou lui est hostile et l'enferme de plus en plus dans un monde rétréci.

Une régression narcissique s'opère, en ce que tout ce qui se produit dans la vie de l'individu est regardé et interprété sous l'éclairage de la jalousie..

En vivant dans la nostalgie de la fusion passée, l'attente de son retour, un avenir inquiétant ; le jaloux n'est nulle part, ni même tout à fait dans le temps présent.

Cette fissure narcissique semble s'inscrire aussi dans une « faille » temporelle.

Vision du couple : la recherche de fusion ou destruction ?

Ce désir de fusion est indissociable de la jalousie maladive. Sans l'autre, le(la) jaloux n'est rien. il n'est rien et sans lui l'autre ne doit pas exister non plus.

Mais cet impératif n'est pas forcément partagé.

Si l'objet est perdu, l'identité même du jaloux s'effondre.

La relation doit être exclusive et éternelle, ce qui la rend impossible sans une forme de **contrainte.**

Cette notion de domination par la contrainte s'inscrit aussi dans une vision sociétale.

Son expression s'exprime souvent à l'autre par la justification d'un amour intense et de la tristesse.

Sa répétition fragilise et culpabilise l'autre, exposée à des reproches, des interrogatoires incessants et un appel à sa compassion.

L'autre peut se perdre dans cette relation, entre sa compassion et la pression subie.

Le jaloux maladif, réclame à corps et à cris de l'amour : pourtant, cet amour il n'en est pas dépourvu, il en déborde même, d'amour pour lui-même et de l'amour que l'autre cherche désespérément à lui donner.

C'est déstabilisant car dans ce schéma, c'est un peu le bourreau qui contrôle et « séquestre » et qui s'affiche en victime.

Cette recherche de fusion devient fissure et peut devenir destruction.

Cette dimension possessive est bien exprimée par le langage et dépasse la sphère relationnelle du couple :

Ma femme, Mon mari ou compagnon, Mon fils, Ma fille….Je !

Les outils technologiques et les médias au service de la jalousie :

Le(la) jaloux dispose des portables, des mails, des réseaux sociaux, des sites de rencontres, des photos postées, des sms : une multitude d'informations est disponible pour procéder à ses vérifications lors d'accès de jalousie.

Les médias, la presse regorge de documentation, de la plus innocente à la plus dramatique, de témoignages aussi.

La littérature, le théâtre, le cinéma regorge de trios, d'infidélités dans lequel le ou la « cocu » potentiel est la plupart du temps ridiculisé.

Le nombre de divorces augmente, les mœurs (selon les cultures) sont plus libres *à l'affiche*, mais souvent encore réprimées.

Le jaloux devient un professionnel de l'enquête, c'est l'agent FBI de la relation !

Cette « réalité » officialisée rend le mécanisme délirant, « cohérent » et le jaloux peut ainsi auto-valider ses doutes et craintes.

Le jaloux refoule t-il aussi sa propre infidélité ?

Une nouvelle fois, cette question abordée ici au niveau individuel, s'inscrit bien sûr dans le domaine large de la représentation de la fidélité et de la sexualité.

Pour revenir au jaloux, c'est relativement ordinaire et en restant dans des limites tolérables, on se retrouve dans la situation typique où un ou une partenaire a eu une vie « tumultueuse » et se stabilise dans une relation plus calme et durable avec une autre personne.

C'est aussi le cas, du partenaire « sage comme une image » mais qui est habité par des pensées infidèles.

C'est la fameuse « jalousie de projection » que Freud a définie dans son ouvrage « Névrose, psychose et perversion » et largement enrichie par la suite.

Le jaloux projette alors sur l'autre son propre désir d'infidélité.

Le désir est perçu à niveau équivalent du passage à l'acte.

Cela déclenche une culpabilité, qui est refoulée car honteuse, en la projetant sur l'autre, le jaloux « gomme » ainsi son poids.

<u>L'absence de jalousie est-elle réelle?</u>

Pour la psychanalyse, la jalousie est comme le deuil un affect normal, si elle est profondément refoulée son rôle dans l'inconscient sera d'autant plus important.

<u>Ce refoulement peut aussi impliquer qu'on ne ressente plus la jalousie devenue insupportable.</u>

C'est là aussi une possibilité, ce n'est pas une mécanique implacable qui fait des non et peu-jaloux des jaloux refoulés.

Ici aussi, ce n'est pas une généralité, c'est toujours dans le franchissement des limites, que l'on sombre dans le trouble et la pathologie.

Elle se repère souvent par le déni : le « non-jaloux » déteste parfois avec force les personnes (pas forcément sa partenaire) infidèles.

La jalousie peut aussi masquer un désir homosexuel, lui aussi refoulé mais cet aspect, tout comme l'érotisation de la jalousie comme moteur du désir, dans une relation unique ou échangiste est un sujet à part entière.

<u>Dans le cadre de la jalousie pathologique, l'acte sexuel n'est fusion que pour le (la) jaloux et ce n'est pas l'étreinte harmonieuse qui est recherchée mais la domination.</u>

La fusion recherchée par l'un devient une fission pour l'autre

La solution passe par une aide pour l'un et pour l'autre.

Cette aide ne peut provenir qu'un d'un tiers, car les protagonistes de ce « mauvais » film sont parfois prisonniers, l'un dans sa mécanique destructrice et l'autre affaibli, épuisé, parfois agressé et souvent soumis à la contradiction de ses sentiments.

Ce tiers est parfois un membre de la famille, un parent ou un enfant, un voisin ou une personne extérieure ; peu souvent le thérapeute sauf pour sauvegarder la relation ou s'enfuir.

Le passage à la l'acte, à la violence physique ou psychique, n'est pas systématique mais souvent invoqué dans les violences conjugales, entre autres et dans les familles, des enfants assistent impuissants à ce « spectacle ».

Il ne faut certes pas sombrer dans l'alarmisme inutile, mais la jalousie maladive existe et son mécanisme doit être stoppé.

Des solutions existent par la psychothérapie, leur efficacité est certaine mais n'est pas miraculeuse.

Un éclairage de plusieurs options est souvent utile, pour dissiper l'obscurité et les clichés sur cette situation.

Est-ce que l'on « guérit » de la jalousie ? A cette question, on peut aussi répondre, est-ce que l'on guérit de l'amour ?

On n' « anesthésie » pas l'amour, pas plus que la jalousie mais on peut vivre après, mieux et épanoui, avec ou sans le(la) même partenaire.

Le stress est intimement lié à la vie et seule la mort peut l'arrêter?

« Tant que les hommes seront mortels, je n'arriverai pas à être complètement décontracté »

Cette boutade de **Woody Allen**, pose dans un humour un peu glacial, la véritable nature du stress et a le mérite de poser la problématique globale du stress et des thérapies pour lutter contre ses excès.

Elle rappelle aussi qu'un humour fondé sur le tragique, le non-sens, l'autodérision est utile pour dissiper l'anxiété et l'angoisse.

On peut observer tous les jours des gens stressés ou peu stressés, certains affirmant parfois :

Le stress moi, je connais pas !

On retrouve souvent dans cette catégorie, une « absence » de stress qui dissimule bien des situations et parfois des troubles, anodins souvent, inaperçus et souvent spectaculaires dans un registre où l'humour même a du mal à pénétrer !

Le degré « zéro » du stress n'existe pas, tant qu'on est en vie !

Hans **SELYE** (1907-1982) médecin endocrinologue autrichien sortit le mot **stress** du contexte dans lequel il était utilisé.

Le mot stress était en effet essentiellement du vocabulaire de la physique dans lequel il désigne : la force, la pression, la charge affectant la structure d'un objet métallique soumis à des contraintes pouvant le déformer.

Dans un sens contraire et salutaire, la résilience est aussi la capacité de récupérer sa « forme » initiale, après avoir été contraint, déformé et parfois démoli.

SELYE, 25 ans après avoir publié son ouvrage Stress, écrit :

« Le stress va de pair avec l'expression de toutes nos impulsions intérieures. Il résulte de toute demande qui s'exerce sur une partie de l'organisme. En fait l'absence de stress, c'est la mort. »

Comme ultime définition il donne :

« le stress est la réponse non spécifique de l'organisme à toute demande qui lui est faite. »

Non spécifique ici signifie ici général et explique sa dénomination le syndrome de stress, ou Syndrome Général d'Adaptation.

« Impulsion » et « intérieur » font bien résonance avec « Pulsion » et « Inconscient », mais cette similitude donne pourtant lieu à des choix thérapeutiques fort différents.

Les querelles s'effacent quand l'urgence est manifeste.

Le stress est en ce sens, une réponse adaptée ou inadaptée de l'organisme à une stimulation d'ordre physique et ou psychologique.

L'absence totale de réponse, le « zéro stress » est bien celui de la mort, au sens physiologique comme psychique

Dans son ensemble, le stress évolue globalement selon trois grands stades successifs: La « **réaction d'alarme** » pendant laquelle les forces de défense sont mobilisées **en réponse** à l'agent stressant.

Le « **stade de résistance** » qui reflète l'**adaptation**, est aussi une réponse à l'agent « stressant ».

Le « **stade d'épuisement** » qui suit inexorablement est atteint quand l'agent stressant est soit assez puissant ou soit agit assez longtemps, et l'on dépasse le pouvoir d'adaptation limité d'un être vivant dans les possibilités de réponses physiques et psychiques qu'il est capable de donner.

Le « sens » positif ou négatif donné parfois hâtivement au stress, est du registre des émotions ou de sa connaissance.

Ce schéma est bien représentatif et simple à intégrer.

Les stades archaïques et élaborés se repèrent, plus ou moins aisément.

Pourtant les « réponses » des individus sont fort variables et cela s'observe dans la vie quotidienne.

Toutes les personnes n'ont ni la même réaction, ni la même intensité de réponse à un même évènement, du plus banal au plus grave bien que fort heureusement, on puisse tracer de grandes tendances.

En invoquant un « agent stressant» qui apparaît facilement, on néglige qu'ils peuvent être multiples, apparents ou dissimulés.

On se dispense souvent de rechercher si la ou les causes elles-mêmes ne seraient-elles pas plurielles, de même si l'agent ou l'évènement déclencheur ne cache pas une raison ancienne ?

La représentation sociale du stress, prend une tournure politique, économique, de contrainte ou de choix de vie.

L'absence totale, apparente de stress dissimule bien des surprises!
La liste ne peut être exhaustive, les théories et thérapies liées nombreuses.

On confond souvent la maîtrise de soi, le fameux « self control » avec une absence de stress.

Une personne épanouie est réputée non-stressée, mais l'esprit de compétition et de performance se servent du stress, les secouristes et les médecins seraient en conservant leur « sang-froid» des exemples de gestion de leur stress.

Dans ce *méli-mélo*, on trouve pourtant quelques lignes assez claires liées au niveau de stimulation, par l'agent déclencheur.

Il existe ainsi toute une gamme de situations liées au niveau de stimulation :

La sensation d'ennui bien banale, peut venir par exemple d'une sous-stimulation.

L'être humain cherchera à s'inventer une stimulation lorsqu'il n'en a pas (Tom Hanks prêt à mourir pour sauver son ballon Wilson dans le film « Seul au Monde »)

Ce n'est pas le « coup de blues », l'ennui ou le « spleen » du romantique.

Ce n'est pas par ailleurs qu'une recherche liée au stress.

Dans cet ennui bien ordinaire, il n'y a pas d'agent stressant particulier ; l'ennui est un sentiment et n'est ni un agent ni un évènement en soi.

Il n'y a pas vraiment de « réponse spécifique » ni de « demande » clairement formulée.

Mais peut-on écarter qu'une situation d'ennui prolongé ne soit pas favorable au stress et une anxiété ? Le stress est-il caché ou seulement peu visible?

On peut également prendre un autre cas beaucoup plus frappant :

Chez le très jeune enfant, en l'absence totale de contact humain le risque mortel existe.

Il n'y a pas un agent stressant mais une absence d' « agents» tout court et surtout une carence affective profonde.

Le stress n'est pas obligatoirement invoqué, ses signes chez un bébé ne sont pas aisément identifiables mais une nouvelle fois, comment affirmer qu'il est absent ?

Ce nourrisson peut en cas d'abandon mourir psychiquement ou physiquement par manque de stimulation comme cela a été montré en période de guerre ou dans des orphelinats, et même des hôpitaux malgré les soins prodigués et un personnel compétent et attentionné.

Mais dans un cas opposé de sur-stimulation, chez l'enfant ou l'adulte ; c'est l'inverse qui se produit : l'organisme humain ne peut plus s'adapter.

Des signes de désordres importants apparaissent, **mais le stress n'est pas facilement isolable ou dissociable.**

Derrière cette apparente absence de stress, se dissimule une forme grave d'état de stress dépassé, que l'on peut retrouver en forme moins accentué sous l'absence de réaction, et de résignation dans certains **burnouts** en outre d'autres manifestations pathologiques pouvant conduire leurs victimes à un désespoir incontrôlable.

La victime du burnout est « grillée », dans le sens anglais littéral du terme; épuisée physiquement et nerveusement.

Au niveau personnel, individuel, familial et social le burnout « grille » bien sa victime.

Les médias, associations et les praticiens de santé alertent, à juste titre, de la flambée inquiétante des situations de burnout, mais certains cas extrêmes où la mort peut survenir sans comportements alarmants sont moins connus, comme c'est le terme au Japon de **Karoshi, qui est un tableau de mort subite par épuisement.**

<u>Chez les victimes du Stress Post Traumatique en état de choc, la personne est dite « sidérée » ; elle est en coupure avec l'extérieur, elle peut ne rien ressentir quel que soit la gravité de la situation.</u>

Sa capacité de réponse et d'adaptation à l'évènement est largement dépassée. Par exemple, lors d'une catastrophe, la victime peut rester immobile, sans bouger ni rien faire.

Cette réaction de sidération est généralement éphémère, avec le retour rapide à la conscience normale et à un comportement adapté : mais elle n'est pas toujours sans lendemain, car elle signe l'amorce d'un stress intense, mal assimilé, et qui pourra donner lieu ensuite à une névrose psycho-traumatique.

Dans son évolution future, que d'autres signes bien clairs permettent d'identifier, on retrouvera parfois un sentiment de détachement d'autrui ou bien de devenir étranger par rapport aux autres et une restriction des affects (par exemple, une incapacité à éprouver des sentiments tendres).

L'appréciation (ou le jugement ?) de l'entourage sera mitigé, indifférence, étrangeté…mais l'état de stress sera peu évoqué.

<u>Dans d'autres troubles psychiques</u> on peut évoquer les problèmes liés au bruit ; celui-ci, devenant envahissant, peut être stressant et susceptible d'activer ou s'associer à des

tendances obsessionnelles ou phobiques perturbant la personnalité.

L'hypocondriaque ressent de l'anxiété aussi, il se sent menacé « de l'intérieur » par ses propres organes, cette sensation de menace que l'on retrouve à l'extérieur chez le paranoïaque est dans son cas internalisée.

Il n'est pas courant d'évoquer en premier lieu chez un hypocondriaque un état de stress et un agent organique interne comme déclencheur.

C'est la fameuse goutte d'eau, qui fait déborder le vase. La solution semble simple, vider l'excédent d'eau en premier lieu.

On regarde si l'eau restante paraît claire, on ne recherche pas systématiquement pourquoi et à quel moment le vase a-t-il été autant rempli, ni si le filet d'eau, même en goutte à goutte, ne continue pas.

On peut évoquer également des formes de stress passant souvent inaperçues, le stress épisodique.

C'est le stress qu'une personne par exemple ressent quand elle se réveille en retard, et se précipite à la hâte à une réunion. Elle n'a pas eu le temps de boire son café mais s'énerve à choisir pendant un quart d'heure, une chemise parmi les dix autres identiques.

Cela peut aussi être le stress généré par une incapacité à s'organiser devenant génératrice d'inquiétude, et rendant compliquée une succession de tâches pourtant simples.

La personne peut même ne pas en être complétement consciente et en mesure de le reconnaître.

Des années d'habitude à ce type de vie ou ses traits de personnalité peuvent faire de ce stress épisodique partie intégrante de la vie d'une personne.

L' absence apparente de stress lors d'évènements tristes :

Le stress, une accumulation de sentiments, de ressentis difficiles à gérer peuvent entrainer un rire nerveux qui servira à d'échappatoire et permet de reprendre « une bouffée d'oxygène ».

Mais une consommation d'alcool ou de drogues peuvent aussi conduire au rire, même en l'absence de stimulus externe ; de même que le gaz hilarant, le protoxyde d'azote, provoque bien le rire !

> **La personne est inhibée, le stress est mécaniquement bien présent, il est souvent même en excès, il est simplement dissimulé et les émotions dont l'anxiété sont anesthésiées.**

A l'enterrement d'un très proche, une personne peut être profondément triste mais ne rien laisser paraître, ne pas verser une larme.

Impossible de se laisser aller, de se lâcher.

Son entourage et sa famille la considèrent comme un être indifférent, blasé, égoïste, insensible… Du coup, ses rapports avec eux paraissent totalement dénués d'affectivité.

Le stress est portant présent mais le contact avec les émotions est interrompu.

<u>La décharge émotive différée.</u>

C'est une forme différée ou tardive de décharge émotive assez souvent observée de stress dépassé.

On la trouve fréquemment chez les sauveteurs en particulier, qui se sont dépensés sans compter pendant tous les moments critiques, se dévouant pour les victimes, engagés à fond dans l'action jusqu'à épuisement de leurs réserves, devant réprimer leurs propres réactions émotionnelles pour mieux agir et pour ne pas inquiéter les autres.

La décompensation tardive surviendra plus tard, en décalage.

La tension anxieuse accumulée s'extériorisera avec force, en « décharges » Pleurs, agitation colère ou agressivité, parfois même physiologiques : sueur, vomissement, diarrhée..

Ces réactions, libératrices et prises en charge rapidement sont souvent éphémères, et sans lendemain.

L'absence de manifestation, un stress en apparence parfaitement contrôlé, ne sont pas les meilleures garanties d'une évolution future, souvent problématique.

Si le stress est une demande d'adaptation, celle de l'être humain n'est sans doute pas infinie.

Les ordinateurs ont accru leur capacité de stockage et leur vitesse de traitement de façon exponentielle mais malgré tout l'enthousiasme, parfois délirant de la rapidité et performance, l'être humain n'est pas une simple machine !

On peut inverser ce culte à la compétitivité par une démarche personnelle allant d'une meilleure » connaissance de soi » à un aide thérapeutiquee.

On cherche ainsi non pas à « franchir nos limites » dans une compétition, où il y a beaucoup à perdre et peu à gagner ; mais trouver « notre » niveau de stress acceptable et adapté, que nous pourrons par la suite utiliser comme« notre » énergie d'adaptation, à « notre » rythme et dans un sens conforme à « notre » personnalité et nos aspirations et choix de vie.

Les zones de transition ne sont pas brutales et dépendent de chaque individu. La transition peut se fait de façon très progressive, mais quelquefois l'équilibre est rompu pour une stimulation ou évènement banal, apparemment faible qui aurait été bien toléré à un autre moment

Ainsi si le stress est nécessaire à la vie et que sans stress aucun, il n'y a pas de vie, cela ne doit jamais faire oublier que le stress est présent partout et un état dépassé conduit à une anxiété clinique, un des éléments fondamentaux de la pathologie mentale.

Qu'elle soit une cause déterminante ou une manifestation secondaire, elle est presque toujours présente dans les crises évolutives de la personnalité.

Si les explications et théories différent, sa présence est un « bloc », une constante.

Si l'on résume en quelques points les principales recommandations du Dr Selye pour parvenir à limiter les effets nuisibles du stress, elles ont bien sûr du sens mais ne sont pas suffisantes pour certaines situations exposées.

- *Simplicité dans les habitudes de vie*
- *Éviter les complications inutiles*
- *Gagner la bonne volonté d'autrui*
- *S'efforcer d'oublier ce qui est pénible, mais inévitable*
- *Crever l'abcès au lieu de prolonger la douleur*
- *L'activité est une nécessité biologique.*

Seyle faisait remarquer qu'il n'y a rien de plus destructeur que de rester inactif et dans l'absence totale de stimulation.

Il est possible que cette observation l'ai conduit ainsi à conclure que seule la mort peut arrêter le stress.

Le calme émotionnel ou calme mental : accepter ses émotions en reconnectant Corps et Esprit :

Ou?

Le Calme émotionnel ou mental, peut se concevoir comme un état d'équilibre ou d'homéostasie du corps, de l'esprit et des sens.

Le calme en matière d'émotions est souvent perçu, à tort, comme la négation de celles-ci ou assimilé à une forme moderne(bien que ce sujet soit débattu depuis l'antiquité) de « Self-Control ».

Cette démarche s'inscrit plus dans une notion de bien-être ou mieux-être que celle d'une performance.

Dans par exemple les troubles liés au stress, la performance est déjà de diminuer et supprimer l'anxiété!

Il y a en filigrane derrière cette démarche, une notion de résilience dans le sens où après un choc traumatique, récupérer, revenir lentement à un équilibre est déjà un formidable exploit en soi.

Dans mon approche, ce « calme mental ou émotionnel » serait plutôt l'opposé d'une forme de « contrôle », de « gestion » ou de « prise de pouvoir » tout à fait illusoires!

Il vaut mieux vivre les émotions, aller jusqu'à leur « résolution » que les réprimer.

Il est bon et nécessaire de pouvoir pleurer pendant un processus de deuil, il est salutaire de rire et de lâcher-prise dans un moment difficile ou de détente, il est important de communiquer votre ressenti à l'autre pour qu'il le comprenne et que vous-même le compreniez, ce n'est pas une « technique » de communication mais un échange.

Ce sont les effets, manifestations, leur débordements ou leur répression ,dans leurs excès qui sont source de troubles et de souffrance, pas les émotions, sentiments ou pensées associées.

La confusion à mon sens vient tout autant de la grande difficulté à s'accorder sur le « statut » d'une émotion, que sur les termes utilisés.

C'est un très vaste sujet sans beaucoup de consensus, sauf sans doute sur quelques grandes lignes:

-L'émotion est un processus rapide, qui intervient lors d'un évènement ou d'une situation qui apparaît important aux yeux d'une personne.

-La « détection » de cet évènement en est le déclencheur, pas forcément la cause.

-Cette détection entraîne une réaction, une réponse émotionnelle.

-Cette réponse s'exprime ou pas, par une expression corporelle ou mentale. Un ressenti agréable ou désagréable y sont généralement attachés. Ne « rien ressentir » est aussi une réponse émotionnelle, à un niveau différent.

-Cette prise de conscience entraîne une action, qui peut varier, fuir devant la peur, rester « paralysé » ou toute autre manifestation.

-Si l'émotion s'inscrit plutôt dans la rapidité, le sentiment est lui plus relié à l'affectivité et dans la durée.

-Les deux (émotion et sentiment) laissent des traces mnésiques(souvenir, mémoire) et une empreinte tant dans la Psyché que dans le Soma.

Cet « ordre » ou « désordre » est à peu près chronologique, mais certaines étapes peuvent se chevaucher tout comme leur intensité peut varier.Si on a longtemps cru que leur expression corporelle était universelle et détectable, la tendance est plutôt d'admettre que seules les grandes émotions primaires(peur, souffrance ou joie intense) présentent des traits communs.

Les émotions, sentiments, ressentis et leurs expressions verbale ou non verbale sont bien différents:

Une joie intense peut dissimuler une peine immense, une colère forte et dont la manifestation est soit refoulée soit artificiellement « dissimulée » seront assez souvent exprimées intérieurement, somatisées et provoqueront un désordre pour l'individu.

L'expression d'un sentiment de tristesse par des pleurs est socialement admise et son acceptation graduée en fonction de normes imposées.

Je suis ainsi dans la « norme » variant selon le sexe, l'âge, la culture etc.. si je pleure au cinéma devant un film tragique, mais je suis un émotif, un hyper sensible si je le fais au bureau(même si personne ne sait que je viens de perdre un être cher)?

Sans détailler plus globalement, j'ai peu de choix (apparent) , en refouler leur expression et les intérioriser avec risque, les exprimer à grands bruits et être catalogué; selon une échelle très variable de « bonnes » ou « mauvaises » émotions.

On oublie un peu qu'entre être en colère, l'exprimer avec clarté parce que votre sentiment est que vos règles ont été transgressées, et un passage à l'acte violent verbal ou physique sont très distincts dans leur sens, leur portée et leur mécanisme.

Un adolescent qui rit aux éclats (avec ses copains) devant un film d'horreur, un enfant qui pleure « sans » raison, un secouriste qui paraît imperturbable en aidant un accidenté, être ému devant un enfant faisant ses premiers pas ou un b eau paysage, être atterré et pris d'effroi devant un fait public dont l'horreur transgresse tout entendement etc... tout cela nous ramène à de l'INTIME, à de l'inné, de l'acquis, du conscient et de l'inconscient.

Le calme émotionnel, dans cette vaste problématique est plus une harmonie, une acceptation de soi, en premier lieu.

En ce sens, c'est un équilibre qu'il faut atteindre et maintenir stable.

Il est tout d'abord utile pour soi-même et éviter les effets néfastes d'un refoulement sans sens(une phobie des émotions), une entrave au lâcher-prise, une labilité émotionnelle (sautes d'humeurs), d'une hyper émotivité, d'une manifestation agressive envers autrui (cachant souvent un conflit intérieur).

Il permet, avec patience de se réconcilier avec soi-même.

Ce calme mental est parfois présenté comme « parallèle » avec ce qui est dénommée Intelligence Émotionnelle, il est plutôt dans mon approche, un état d'Attention émotionnelle.

Ses effets sont positifs sur la perception, l'attention, la mémoire, le bien-être et la sérénité de la réflexion.

En perdant en *agitation*, les effets cognitifs seront clairement perceptibles en termes de fluidité des idées ; concentration sur un ou plusieurs sujets et durée de la réflexion.

L'esprit est en éveil, le flux de pensées et d'élaborations mentales défilent librement, les émotions sont ressenties avec un impact apaisé, les sensations corporelles sont pleinement présentes et les canaux sensoriels (nos 5 sens a minima) fonctionnels.

Ce n'est donc pas un état de somnolence ou de demi-sommeil, et à ce stade, l'état de conscience n'est pas altéré mais attentionné sur l'instant.

La pratique régulière des approches méditatives associées, dont La Pleine Conscience, avec des axes de développement plus ciblés, permettra d'accéder à des états modifiés de conscience (E.M.C) mais c'est à mon sens une étape suivante.

Le cognitif n'est pas absent mais la pensée élaborée n'est pas encore à cette étape, un but à activer.

Cela sera, à un stade éventuel suivant et pour lequel le calme mental préalable est nécessaire.

On pourrait qualifier d' « écologique » cet état de l'économie psychique, dans le sens où notre état mental, émotionnel et corporel tend à être harmonieux.

Il me paraît important de préciser qu'à ici, que nous cherchons principalement dans un premier temps à diminuer et apaiser un état anxieux.

Les démarches telles la Méditation de Pleine Conscience sont souvent à tort perçues comme une « gestion » ou pire une « neutralisation » de nos pensées et émotions associées, et par conséquence de sensations corporelles.

La démarche et la pratique régulière vont pourtant en sens contraire de cette vision erronée.

C'est une diminution significative des impacts anxiogènes qui est recherchée dans ce premier stade méditatif.

Pourquoi s'axer sur le stress et les troubles anxieux plutôt que les émotions joyeuses?

La réponse est sans doute simpliste et n'a rien à voir avec un « pour » ou « contre » la « pensée positive »!

Il est généralement plus courant que l'on recherche à solutionner une situation de mal-être et d'anxiété, que de vouloir pour quelque raison que ce soit renoncer à la joie, au rire ou au bien-être...

Ce qui n'empêche en rien que lors de certains évènements joyeux, une naissance, une fête, une union, une réussite peuvent comporter une part de stress.

Je n'inclue bien sûr pas dans cette analyse, des états pathologiques comme les accès maniaques de sur-excitation et d'agitation, qui peuvent être extrêmement enjouées à défaut de joyeuses ou violentes dans leurs excès.

Nous parlons ici d'un processus dynamique, qui dans un premier temps (voir les articles à ce sujet Méditation Pleine Conscience et Psychologie*) permet d'acquérir les moyens de diminuer et abaisser les turbulences et phénomènes anxieux liés au stress.*

Le calme mental et la pleine conscience s'installent ainsi progressivement et se stabilisent dans la durée par une pratique régulière.

La mécanique physiologique du stress et les pensées anxiogènes s'auto alimentent en cercle vicieux.

Tenter de « prendre le contrôle » d'un déroulé automatique, par une « astuce » mentale me paraît vain.

Axer son attention sur la respiration et le ressenti, est l'élément clé.

On ne peut le réduire à un simple raccourci, déviation cognitive ou fruit d'une intellectualisation élaborée.

La respiration est un processus vital et naturel, dont le rythme peut varier involontairement ou volontairement.

Cela signifie que les pensées qui continuent leur flux, ne doivent pas être « combattues » car cet effort aurait l'effet contraire.

Elles sont **constatées**, pour reprendre une image courante et usitée, *vous êtes le spectateur du train qui passe devant vous, intérieurement.*

Il peut être tentant d'y monter s'il repasse plusieurs fois.

En n'y montant pas, vous n'empêchez pas ce train de poursuivre sa route, mais à un moment donné il disparaîtra de votre champ de vision.

Il en est de même avec les pensées, à chaque fois que vous vous recentrez sur la respiration et l'attention dans l'instant présent, et autant de fois que nécessaire, les pensées s'écoulent et finissent par s'amenuiser et leurs impacts anxiogènes disparaissent.

D'autres surviendront et poursuivront aussi, comme le train, leur cheminement.

Ces pensées provoquent des sentiments, des émotions agréables ou désagréables.

Là aussi, il est important de **les « noter »** et ne **pas les « nier » avec force ou les « encourager »** à tout prix.

La pratique régulière vous montrera qu'une nouvelle fois, *comme le train amène au loin les voyageurs, les impacts émotionnels, notamment anxiogènes sont fortement diminués.*

Cela signifie, que dans ce processus dynamique mais stable, vous n'avez pas tenté de gérer, freiner vos pensées ; **vous avez pris conscience de vos émotions et votre niveau d'anxiété lui a diminué.**

Cela peut paraître déjà assez satisfaisant, mais il reste parfois un petit bout de chemin à parcourir : vos sensations corporelles !

Il paraît évident mais autant le préciser clairement, que cette approche n'est pas adaptée en première intention à un état de « choc » en situation psycho traumatique, qui relève d'un protocole précis et d'un traitement d'urgence.

Néanmoins, on note souvent qu'en état de stress et d'anxiété, la relation de l'esprit au corporel se modifie.

Il y a parfois une véritable *déconnexion, coupure* qui se crée.

Cela se ressent souvent dans les propos tenus et la verbalisation, on expose, justifie, évoque les causes apparentes, on

« élabore » un scénario que l'on contextualise.

Cette « priorité » parfois inconsciente, donnée au mental ne met pas en relation directe votre anxiété et le ressenti corporel précis qui est pourtant présent mais confus.

La description des symptômes somatiques est généralement vague, peu précise, leur localisation est souvent diffuse

« je me sens stressé, je ne suis pas bien, j'ai des bouffées d'angoisse, du mal à dormir, des migraines, mal au dos, je m'énerve facilement etc.. ».

Lors de la pratique de la méditation de pleine conscience, un certain nombre de sensations corporelles vont se manifester de façon diverse et souvent simple.

Un point particulier du corps, une légère contraction d'un muscle ou son relâchement, le contact avec le sol ou la chaise, le bruit de votre respiration, une sensation de pesanteur, de légèreté, le goût de la salive dans votre bouche etc…

Certaines « visualisations » internes associant des couleurs, des sensations kinesthésiques sont aussi constatées fréquemment.

Ces sensations corporelles sont importantes, il ne s'agit pas non plus de les « refuser », ni de les « subir ».

Une position qui vous paraît inconfortable peut s'ajuster, une sensation dans un muscle ou zone du corps persistante, tout cela une nouvelle fois, vous ramène à vous recentrez sur la respiration et l'attention.

Ce n'est bien sûr pas le moment de chercher le « pourquoi » ni le « comment » mais à la fin de votre exercice, vous vous en souviendrez.

Quel est l'intérêt ?

Il en existe plusieurs que je ne vais pas longuement détailler ici, mais qui rejoignent des approches que je relie aussi bien à l'**analyse au cours de la thérapie** , qu'aux pratiques **psycho-somato-thérapeutiques qui approfondissent les aspects corporels et sensoriels.**

A ce stade-là, et particulièrement au fur et à mesure de la pratique, et ceci rapidement, vous allez en dégager un constat et un axe de choix dans la méditation, aussi bien que dans votre vie quotidienne.

Pour être simple, si vous avez eu une entorse à la cheville, ou que vous souffrez d'un rhumatisme, de crampes etc… vous le savez bien sûr bien avant de pratiquer.

C'est souvent le cas, même si c'est peu précis, vous avez déjà eu la sensation d'être tendu, migraineux ou un mal à l'estomac.

Par contre, il est peu probable que vous puissiez associer assez précisément comme c'est le cas en méditation, que telle situation ou évènement ou contexte, s'associe avec une ou plusieurs pensées, récurrentes ou non, liés ou non à l'événement, que cela a impacté votre respiration, votre rythme cardiaque, qu'au niveau émotionnel vous l'ayez ressenti comme une anxiété, une contrariété ou un agacement et

qu'ensuite toujours dans cet ensemble, une traduction somatique se soit précisée dans telle ou telle partie de votre corps, que cela a constitué éventuellement un effort pour vous recentrer sur votre respiration.

Vous n'avez pas d'explication-encore !- sur les liens qu'il y a, mais vous avez d'ores et déjà entamé un processus de connexion des différentes composantes de votre personne.

Plus votre pratique sera régulière , plus cette *« réappropriation » de l'intégralité de votre personne*, va corrélativement avec la diminution rapide de votre stress être bénéficiaire.

A ce stade là, vous avez déjà un acquis, une approche qui en s'inscrivant dans la durée vous permettra de rabaisser significativement les désagréments liés au stress.

Il se présente ensuite une question de choix, de décision en définitive vous appartenant et pour lesquelles, il n'y a rien à vous imposer et à mon sens, je ne peux que vous présenter mon approche pour une suite, selon vos expectatives.

-Est-ce que vous avez atteint un état de Pleine Conscience ?

Ma réponse au risque de vous décevoir, est pas encore, vous êtes sur le chemin.

-Est-ce que votre anxiété a diminué et les situations stressantes sont moins impactantes?

Oui et ce gain sera régulier et s'intensifiera au fur et à mesure de la pratique

-Est-ce que vous avez gagné en attention et en concentration ?

Oui, mais **ce « calme mental » est une étape préliminaire** qui va vous faciliter la tâche dans les situations où votre concentration et attention sont requises.

Je ne raisonne pas ici, en termes de performance, qui pour moi est connoté et correspond à une recherche différente.

-Pourquoi une démarche analytique peut être nécessaire et s'associe bien avec cette approche ?

Cette première approche de la Méditation de Pleine Conscience, a pour portée un apaisement des niveaux de stress, de troubles anxieux, de support et d'atténuation (pas de suppression) à une douleur physique et une aide intéressante dans les récidives d'épisodes dépressifs.

Si le stress, suscite un intérêt en psychothérapie, cela ne signifie pas que cela soit un phénomène nouveau, mais que certaines approches, dont la mienne le considèrent comme un bloc, à part entière, que l'on retrouve de près ou de loin, peu ou prou, en forme simple ou élaborées et paroxystiques de la simple anxiété à la pathologie dans de nombreuses autres manifestations et troubles.

Cela signifie que ses manifestations obéissent aussi à certains **mécanismes intra et supra-psychiques**, dont une partie est régie à des niveaux inconscients souvent résultant de votre vécu, de votre état somatique, de vos mécanismes cognitifs.

<u>A ce niveau-là, il me parait nécessaire de la coupler avec une démarche analytique et d'en mettre en lumière le plus possible, les « ressorts » et « mécanismes »</u>

Utiliser la méditation comme un moyen, une voie d'apaisement est bien sûr source de bénéfices, mais ne dispense pas obligatoirement d'une recherche conjointe et menée de front en analyse, non pas pour comme cela est parfois injustement affirmé, mais jamais démontré, « comprendre pour comprendre » <u>mais « comprendre pour agir sur les causes et pérenniser les effets »</u>

Vous pouvez ainsi continuer dans cette voie, en ayant maîtrisé cette approche et rechercher à l'utiliser dans votre réflexion, votre connaissance de soi, et vous ouvrir un champ plus large d'options dans vos choix, qui ne seront pas forcément plus ambitieux ; mais certainement plus en harmonie avec vos attentes et moins coûteux en efforts parfois inutiles.

Cette démarche est un stade, une étape visant une problématique précise.

Elle est sans doute peu ambitieuse, mais s'adapte aux personnalités de chacun, à son rythme et sa progression.

Elle ne ferme pas la porte à d'autres stades plus avancés, s'inscrivant dans une pratique et une recherche personnelle, et en ce sens ne ferme pas bien sûr la porte aux pratiques spirituelles, énergétiques et méditatives approfondies.

<u>**Ma « porte » personnelle, par contre se ferme au dogmatisme, à la pensée unique, la soumission à un endoctrinement et toute forme de fanatisme.**</u>

Le mythe d'Echo en psychologie : Est-ce seulement entendre sa propre voix en montagne, une punition pour bavardage ou une histoire d'adultère dans la mythologie Grecque ?

Étrange question en apparence, mais c'est pourtant un peu tout cela et surtout une question bien actuelle, se « faire l'écho de…. », Propager une rumeur, « Arrête de répéter comme un perroquet » à un enfant ou un adulte, une image associée à des sons dans l'échographie d'une grossesse ou d'une maladie, suivre un avion ou repérer une cible par le radar d'aviation.

Cela a toujours un sens pour celui qui l'entend comme celui qui le dit, sauf quand il s'agit de la même personne!

Il y a donc un mythe au départ, dont découlent un bruit, une réflexion acoustique ou de l'opinion, une image et un reflet, une rumeur ou une indiscrétion
Les mythes de l'Antiquité Gréco-latine ont suscité des livres, des interrogations, des contes, des films et un point important dans la Psychologie et d'autres Sciences Humaines.

Les mythomanes, pourtant ne sont pas des « menteurs », ils créent et croient réellement à leur histoire, la leur et celle des personnages de fiction. Ils ont ainsi nécessité de s'inventer une vie, pour combler leur propre vide intérieur. Les contredire en les mettant face à la réalité, les détruit, les désintègrent et ils peuvent devenir agressifs pour eux-mêmes comme pour autrui, car **le mythomane ne cherche à tromper personne, sauf lui-même** !

« **T'es un mytho** » fait partie intégrante du vocabulaire des ados pour un mensonge souvent sans importance.

Il est possible que les pressions exercées sur les individus, axées sur la réussite, la performance fragilisent les personnes en terme de réussite sociale et de performances, en particulier les personnalités borderline.

On peut aussi considérer en sens inverse, qu'en prenant de l'ampleur et en généralisant des solutions « clé en mains » et parfois mal utilisées, la Psychologie elle-même a créé peut-être ses propres « mythes » qui sans être des « mensonges » sont souvent des clichés et des stéréotypes.

<u>Bref on s'intéresse au mythe et ici à celui de la nymphe Echo et on s'enfuira du mythomane dans la vie de tous les jours.</u>

Au départ il y a donc un mythe, et derrière une véritable saga ou « série TV » de la mythologie Gréco-Romaine, des Dieux qui nous ressemblent, des enfants gâtés, des tromperies conjugales, du désir, de l'amour, de la vanité, de la vengeance avec des rôles principaux, secondaires dont certains deviendront connus et une fin imaginaire séduisante ou terrifiante.

Dans ce mythe, on a retenu surtout l'« acteur principal » **Narcisse** peu connu, jusqu'à l'époque moderne et la psychanalyse, il est évoqué par Ovide plutôt chargé de préparer l'arrivée de César, bien plus célèbre, et dans les deux cas annonce **une «métamorphose »**.

A part quelques statues et peintures, ce n'est pas une « superstar » comme **Achille,** ou **Œdipe** à l'époque romaine, les autres membres de cette saga de Narcisse, dont **ECHO la nymphe des eaux et des bois** ne font pas la « une » mais son personnage est pourtant loin d'être anodin.

Dans la vie de tous les jours, cela peut-être simplement pour un enfant lui envoyer sur un même sujet, une foule d'**injonctions contradictoires** (mais ça fonctionne aussi très bien pour les adultes) et en être puni ou récompensé, et **devenir un instrument de pouvoir**.

En se focalisant sur Narcisse, on a un peu négligé Echo pourtant partie de cette histoire, dont l'influence et la voix sont toujours parmi nous

Des exemples pour un « enfant » pas si « petit »?

-Il répète mots pour mot une récitation entendue et apprise, il a 10 sur 10, l'enfant et tout le monde est content, s'il ne répète que la fin, sa note n'est pas terrible non plus.

-Il répète pour répondre à une question du prof, ce que lui a soufflé un copain : il se fait engueuler et il a zéro. Le copain, manque de bol, s'est trompé, c'est un « idiot » aussi.

-On lui explique qu'il faut « réfléchir » et pas « répéter bêtement » : il y a un problème, ça marche en poésie, en calcul et pas pour le reste ? Tous les enfants n'ont pourtant pas 10/10 ou 0/10 ?

-Il s'en amuse en montagne avec son père, joie partagée de la découverte de l'acoustique en pleine nature ; ou tout seul en criant des gros mots qui sont des feux d'artifice.

-Il répète à son père mot pour mot ce que sa mère a dit de lui, il y aura une réaction dans le couple dans un sens ou l'autre

-Dans un show TV, il répète au public ce que un des parents a dit : le public applaudit et rigole, les parents sont souvent accablés.

-Il est bavard, on le rappelle à l'ordre ; il répète tout à ses copains : c'est un « traitre » , il est silencieux, c'est un cachotier ou un timide ou quelqu'un à qui on peut se confier ; le « détenteur » ou le « révélateur » du secret » a un pouvoir assuré.

Mais ce pouvoir est limité, car l'enfant sait aussi qu'en criant « Au loup » sans arrêt, il n'intéresse plus personne, le loup des contes n'existe plus ; mais le danger est toujours là.

Quand cela devient un « problème » à l'école par exemple, les parents sont « convoqués », le gamin s'il est présent, ne sait pas trop quoi dire.

Moi non plus, comme lui, je n'aurais pas su quoi dire, peut-être en 2014 à son âge, j'aurais sorti en douce mon portable et joué à un jeu vidéo.

<u>**En version adulte cela se décline à l'infini :**</u>

Passer pour un mouton(pas celui de Panurge , autre version), un soumis ou un « consensuel », un orateur brillant qui parle sans ses notes, un « fayot » avec son chef, le triste sort d'un otage enlevé sur une vidéo-*encore un passe à la TV pendant que j'écris...*-, un habitant d'un pays soumis à une dictature ou une situation désespérante, un chef d'État qui récite sa leçon ; derrière ce mythe et la simple ballade en famille , ce n'est pas seulement d'une représentation libre de sens qu'il s'agit et si c'est un simple roman ou feuilleton imaginaire.

C'est peut-être la situation de Robinson en version montagne dont il s'agit, il appelle 1000 fois à l'aide, sa propre voix lui répète ses propos 10.000 fois ; il s'épuise et se désespère ; il réalise que cela ne sert à rien ou cherche une solution, il peut aussi penser qu'il est « fou » car il n'est plus certain de savoir où il est ni même s'il s'agit de sa propre voix.

Il y a ainsi dans ce mythe Grec d'Echo, une saga ou une série de nos jours :

La saison 1 :

Un couple, le Dieu Céphise et la nymphe Liriopé, un couple « mixte » peu connu, avec un fils lui très célèbre Narcisse et un « secret de famille » pas très sûr.

Narcisse aurait, une sœur jumelle, aussi belle que lui qui meurt rapidement, et à qui il voue un amour trouble.

On n'en sait pas grand-chose, elle est aussi belle que lui est beau.

C'est peut-être déjà la première image de Narcisse, son double, le Féminin et le Masculin se confondent.

Tout cela est déjà peu clair, en tous cas si la série est tournée en 2014.

On ne connait pas bien en ces temps-là, les théories de « crypte », de « constellations », et encore moins la psychanalyse.

Mais leurs philosophes ont déjà abordé la Psychologie, il y aussi des médecins, des devins, des rhéteurs et des politiques.

Les autres nymphes et sa mère couvent **Narcisse, qui est un « enfant gâté », choyé** et de plus un futur chasseur reconnu par Zeus, destiné à un brillant avenir mais un devin avertie sa mère d'un risque majeur, il ne fera pas « long feu » s'il arrive à se voir lui-même, cette sentence est, pour le moment, assez énigmatique.

Même en 2014, cela ne serait pas très confortable et agréable de savoir cela.

La presse d'aujourd'hui, dirait que la disparition de sa jumelle aussi belle que lui est suspecte ou que le miroir n'a pas encore été inventé, ce qui est sans doute exact.

(le miroir).

Ce « devin » est peut-être un oiseau de mauvaise augure et la mère sans doute s'inquiète pour rien, comme toutes les mamans, nymphes ou pas généralement.

La mère, protectrice, couve son fils et le protège. Il n'y a pas de miroir dans tous les cas. Que sa sœur soit morte ou pas, **c'est presque un fils unique.** Son (sa) double a disparu.

Il se moque éperdument de celles et ceux qui se pâment d'amour et de désir pour lui. Il est peut-être inconsolable de la disparition symbolique de sa sœur jumelle, ou très content de son statut, fils unique, choyé par les nymphes ce n'est pas trop mal pour un ado.

Il grandit sûr de lui, athlétique avec ses amis chasseurs.

La chasse est la capture d'une proie, la maîtriser et l'anéantir, mais c'est son univers à lui, il n'est pas tout seul.

<u>Pendant ce temps, se déroule en filigrane, une scène chez un autre couple en plein remue-ménage :</u>

Zeus puissant et très connu, n'est pas très fidèle mais habile. Héra, sa compagne, tente de le surprendre en « flag » d'adultère, mais **<u>la nymphe Echo très bavarde</u>** fait échouer la tentative.

La rumeur n'a de pouvoir que si elle se propage : il faut agir, vite, avec un motif et un coupable.

Echo a bavardé, trop sans doute, et doit être punie sévèrement mais sans excès(Démocratie) car du coup Zeus s'en sort assez bien, mais même s'il nous ressemble, c'est un dieu tout de même !

<u>Il est puissant et exerce comme il veut sa libido. Il est très moderne.</u>

Echo, elle est condamnée à répéter indéfiniment les mots que les personnes lui adressent, rien d'autre.

Elle ne peut jamais dire ce qu'elle pense, ressent. Elle est muselée. Elle pourrait user des atouts, sa beauté, mais quand elle essaie d'approcher Narcisse, il est indifférent aux autres, Echo y compris.

Le fait qu'on ne sache pas grand-chose sur la sœur de Narcisse n'arrange en rien une éventuelle jalousie d'Echo, la nymphe.

A ce stade, concernant la mère, entre un mari le Dieu Céphise bien occupé, un fils couvé et beau, une fille jumelle disparue et une nymphe qui essaie de séduire son fils, cela doit faire beaucoup !

Nous sommes à l'époque Greco Romaine, le réalisateur doit un peu, respecter l'histoire ; à cette époque on parle beaucoup plus de « désir », l'amour c'est plutôt le sujet d'Eros L'affect est sans doute là, peu facile à situer. On pense, surtout Aristote, que ce désir, cette passion tyrannique peut être chassée par l'idée, mais comment faire ?

Le désir de « capture », de possession est symbolisé par un trait ou une flèche. Avant de mourir de « chagrin d'amour », Echo promet de se venger.

On regrette quand cette « saison 1 « se termine, que Echo ne soit pas suspectée d'être « Echo-centrique » et peut être même Egocentrique, mais c'est sans doute simplement la passion.

On peut comprendre les mères, mais quand même, une nymphe disparue et une autre maudite, ce n'est pas simple du tout. Elles méritent notre attention, mais qui de nos jours connait encore son nom à cette maman, la nymphe Liriopé ? Donc merci aux historiens hellénistes de s'y intéresser !

Ce Narcisse qui n'est pas encore « le narcissique », est un ado trop couvé et un sale gosse et de plus il a été maudit par Echo (grâce à Némésis).

Là le regard extérieur, du spectateur est dubitatif, doit-il comprendre et être clément et si oui avec lequel des deux ? Ou des 3 +++ ?

Sommes-nous toujours en 2014 ?

On entame la saison 2 :

Le réalisateur a *consulté*, il faudrait convoquer les parents de Narcisse, surtout la mère, qui l'a élevé comme ça et en prime est nymphe.

Les autres nymphes doivent trouver cela injuste.

Narcisse est plutôt à plaindre, la mère à questionner, le père Céphise est « surbooké » et invoque son boulot de Dieu.

La nymphe des eaux et des bois, Echo meurt entre temps, <u>transformée et figée en rocher mais reste sa voix.</u>

<u>La situation semble compliquée, chacun a une part de responsabilité ; c'est peut-être ce monde de l'Olympe, ce système assez proche du notre qui veut ça.</u>

<u>Echo est assez vite oubliée, pourtant on entend toujours sa voix.</u>

Soit sa voix est déformé, soit notre compréhension et empathie se diluent:

Après tout quand gamin je donne une gifle à mon frère, c'est normal, il n'avait qu'à pas « cafter aux parents ».

Le sort se réalise, personne n'avait vraiment prévu ou cru, que cela se terminerait aussi mal.

Narcisse se voit, enfin dans un miroir d'eau, il pourrait s'en étonner, mais il est saisi par l'amour de lui-même, qu'il découvre.

On ne sait pas grand-chose de ce qu'il voit, **le reflet chez Homère est plutôt un spectre, un fantôme.**

Il doit probablement voir ses propres yeux qui le regardent, c'est synchrone mais difficile d'accès, comme l'idée, l'*idea*, les émotions décidément sont peu accessibles à la raison.

Il reste pétrifié, figé et en meurt. Il est pétrifié comme Echo, face à une flaque d'eau dont elle était la nymphe

C'est un peu « sec », pour un simple regard dans une rivière ou une fontaine mais on s'en tient au scénario.

<u>On perçoit qu'il existe un rapport commun dans la mort des deux.</u>

Par ailleurs sa propre statue, de Narcisse sera retrouvée, elle aussi, figée dans les laves de Pompéi, Narcisse a décidément pas de « bol », on le plaint!

Il reste « scotché » à son « modèle » en est « fan », sa propre idole sans que l'on puisse être formel qu'il se soit reconnu et l'ai compris. Est-il assez mur ?

Sa fin semble « scellée », elle est « déterminée » ; les augures ont bien fait leur « boulot» ; c'est la « chronique d'une mort annoncée ».

Le diagnostic du devin était exact, pas de violence interprétative, le déni n'a pas encore d'intérêt particulier.

On a collectivement oublié (saison 2) sa sœur jumelle, qui restera inconnue alors qu'elle est déjà son double physique ; et aussi Echo qui est probablement son double sonore.

2 doubles a minima pour un « simple » jeune homme, un peu sale gosse et qui meurt puni ; cela fait quand même beaucoup.

C'est pathétique, avant d'être pathologique.

Toute cette histoire est finalement banale et tragique, ce n'est qu'une affaire de famille parmi d'autres dans l'Olympe.
La fin du film dépend du public, des pays, des époques.

Narcisse se transforme en une jolie fleur qui porte son nom, c'est la « Happy End », il offre la beauté aux générations de narcisses qui suivront ; sa mort est un cadeau mais elle reste sacrificielle.

Cela pose question, la métamorphose est-elle toujours un sacrifice de Soi ? Cela ne marche pas pour la chenille même si le papillon peut être éphémère, on s'interroge.

Dans une autre version, il finit aux enfers se regardant éternellement dans le fleuve des damnés, la morale et la justice sont sauves ; même si le spectateur a quand même un peu de pitié, on est dans un fait divers qui peut arriver à tout le monde.

La sœur hypothétique est vite oubliée, Echo ne fait plus rire que les enfants mais sa voix amplifiée joue encore avec malice avec nos inconscients.

Les historiens tentent de trouver la « vraie » histoire. Narcisse devient véritablement célèbre avec Freud, le narcissisme est un stade infantile normal, c'est le narcissisme primordial qui peut devenir pathologique (là aussi du Grec Pathos).

Est-ce comme l'affirment beaucoup, une simple projection actuelle, de notre imaginaire d'aujourd'hui sur un mythe ancien ? Possible, mais pourquoi cet inconnu a permis de fonder une des bases de la Psychologie contemporaine ? Pas les autres membres de sa famille et son admiratrice Echo?

Cela est peut-être un hasard sémantique, ou l'effet sans la cause. A-causalité , synchronicité , c'est possible.

Le mythe nous donne des indications. Les courants s'affrontent, on lui oppose la « logique » de la raison et celui de la passion, le mythe ne peut avoir de sens ni de contre-sens puisqu'il est un mythe.

Dans celui-ci savoir que le miroir existait ou pas à cette époque est intéressant certes, mais savoir si l'eau était celle d'une flaque, fontaine, ou rivière.....Il reste un mythe et des métaphores.

Dixit.

Jung s'écarte de Freud, l'Archétype est peu définissable et représentable, seule son influence collective imprègne la Psyché.

Pourtant le mythe est présent partout, représentation ou projection de notre imaginaire contemporain, sa trame est celle de notre vie de tous les jours, comme ce « film », il peut être romancé mais impacte toujours.

Il a traversé le temps et l'espace. C'est du marbre sans aspérités se découpant difficilement.

<u>Tant mieux ou tant pis, sacrifier une statue est toujours une profanation infâme ou une libération.</u>

Il n'est plus la propriété du courant qui l'a éclairé et décortiqué, il est dans les livres, contes d'enfants, ses personnages, nous effraient, nous rassurent, nous parlent et se déclinent dans **une multitude d'approches thérapeutiques** sous des appellations voisines ou différentes.

Quelques penseurs célèbres se sont opposés, mais **son utilisation est quasiment mutualisée.**

Chercher sa localisation « topographique » , c'est un peu chercher les coordonnées exactes du triangle des Bermudes mais c'était avant les découvertes de l'imagerie.

L'imaginaire continue et on recherche toujours un avion perdu en mer, on oublie que même un morceau minuscule d'aile pourrait aider les familles des disparus.

S' intéresser au mythe, nous éclaire et quand son champs échappe à notre compréhension, le mythe est souvent une fenêtre ouverte ou entre ouverte sur l'Inconscient.

Si les deux fins du « film » sont caricaturales, peu importe, elles montrent que notre regard et nos sens doivent être attentifs, et relativiser sans banaliser et éclairent l'aide apportée.

On dit que notre société a sans doute peu souvent été soumise à tant de contradictions, on n'en sait absolument rien.

Le culte de soi, du corps, de l'esprit, du cœur est omniprésent par cette image de nous-mêmes que nous offrons, au prix fort au regard de l'autre.

Le sculpteur est payé, le sculpté aussi. C'est la version marchande de l'image, en transaction.

Celui de la performance nous fait confondre individualisme et individu, en ne montrant que son double, on s'oublie soi-même et on se racornie.

L'empathie pour l'autre passe aussi par de l'empathie pour soi, cela passe aussi par accepter que nous ne sommes plus dans la toute-puissance de ce stade enfantin bien naturel ; cela indique aussi que si cet enfant en nous a été « maltraité » , il faut parfois y retourner voir de plus près, panser ses blessures et en faire son deuil ne sont pas à confondre avec ressasser son passé ; c'est de recoller les morceaux dont il s'agit, pas de réécrire l'histoire.

S'en dispenser, revient au choix absurde entre resté figé dans l'image ou rester figé dans la voix.

Dans les 2 cas, cela nous coupe du monde extérieur aussi sûrement que cette image externe cultivée nous sépare de notre personne.

<u>L' « oubli » même partiel d'Echo au profit de Narcisse, et de sa sœur jumelle disparaissant comme un fantôme sont en soi un signe et un symbole que notre regard sur ce « fait divers Grec » est lui-même égo centré et fait partie inhérente de nous-mêmes.</u>

Dans un déficit qu'il faut parfois combler, dans une blessure qu'il ne faut pas négliger, d'une exagération de l'Ego devenant intolérable, obscure et aveuglante qu'il faut combattre.

La voix de la nymphe Echo est là pour nous le rappeler…

On va certainement l'entendre, mais va-t-on l'écouter, ce sont nos propres paroles qu'elle répète après tout ? Est-ce bien certain ?

Quelques références:

• Bergeret J. :Freud, la violence et la dépression,L'Œdipe et le narcissisme

• Freud S. "Deuil et mélancolie" Métapsychologie

• Freud S. (1922). "Sur quelques mécanismes névrotiques dans la jalousie, la paranoïa et l'homosexualité" in Névrose, psychose et perversion.

• Green A. "La double limite": psychanalyse des cas-limites

• Lagache D.La jalousie amoureuse. Paris, PUF, 1947.

• Laplanche J., Pontalis J.B.Vocabulaire de psychanalyse. Paris, PUF, 1992.

Tables des Matières

www.ingramcontent.com/pod-product-compliance
Lightning Source LLC
Chambersburg PA
CBHW031445280326
41927CB00037B/361